Über den Bergen wohnt das Glück

Über den Bergen wohnt das Glück

Geschichten und Gedichte
von Gipfeln und Tälern

Ausgewählt
von Jan Strümpel

Anaconda

MIX
Papier aus verantwortungsvollen Quellen
FSC® C083411

Penguin Random House Verlagsgruppe FSC® N001967

Die Deutsche Nationalbibliothek verzeichnet diese Publikation in der Deutschen Nationalbibliografie; detaillierte bibliografische Daten sind im Internet unter http://dnb.d-nb.de abrufbar.

Umschlagmotiv: shutterstock.com / Very_Very
Umschlaggestaltung: www.katjaholst.de
Satz und Layout: Achim Münster, Overath
Druck und Bindung: CPI books GmbH, Leck
Printed in the EU
ISBN 978-3-7306-1136-4
www.anacondaverlag.de

Vorwort

In der Literatur erheben sich viele Berge, und zwar im Allgemeinen und im Besonderen. Mit Bergen im Allgemeinen verbindet sich oft eine Idee. In ihnen wohnt dann das Glück oder die Freiheit oder irgendein Ideal oder auch ein von der Zivilisation vermeintlich unverdorbener Menschenschlag. Darüber können selbst Dichter schreiben, die nie ein anständiges Gebirge zu Gesicht und unter ihre Füße bekommen haben. Und dann gibt es die Berge im Besonderen, die geografisch zu verorten sind. Sie dienen als Schauplatz für eine Geschichte, außerdem man kann sie bewandern oder besteigen, um hinterher von dieser Erfahrung zu berichten.

In diesem Auswahlband geht es hoch hinaus, wobei das je nach Intention und Kondition ganz Verschiedenes meinen kann, Montblanc genauso wie Brocken. Das Buch führt keineswegs nur in die Alpen und auf die höchsten Gipfel der Welt, sondern überall dorthin, wo Berge samt ihren Tälern einen Sehnsuchtsort, eine schöne Kulisse, eine sportliche Herausforderung oder ein persönliches Schicksal bilden. Bergsteiger wissen davon zu schreiben, diese Leute, die Gipfel »bezwingen«, möglichst als erster, und wenn das nicht mehr geht, dann auf einer speziellen neuen Route. Diese Art von Bergliteratur, die von Barth über Messner bis Whymper viele Regalmeter füllt, wurde hier ebenso am Wegesrand liegen gelassen wie das Feld wissenschaftlicher Forschungsreisen.

Die Texte dieser Anthologie sind vielmehr aus der Hand von Schriftstellerinnen und Schriftstellern. Sie sind auf Reisen gegangen oder entstammen selbst den Bergen. Ihnen geht es nicht darum, ihr physisches Limit auszureizen, sie haben meist keine Eile, lassen sich manchmal gern auf Tierrücken hinauftragen und genießen die herrliche Aussicht, die sich ihnen ganz oben bietet. Sie sind, kurz gesagt, voller Neugierde auf die Welt in ihrer gewellten, hoch aufgetürmten oder zerklüfteten Form.

So vielfältig sich Berge und Täler darstellen, so abwechslungsreich ist der literarische Zugriff in den hier versammelten Gedichten, Berichten und Geschichten: von hochkomisch bis tiefernst und von vornehm kultiviert bis inniglich ergriffen. Auszüge aus längeren Dichtungen und Erzählwerken werden bei Bedarf zum besseren Verständnis kurz verortet. Die Texte entstammen mehreren Jahrhunderten, sind immer auch ein Spiegel ihrer Zeit und damit Ausdruck dessen, was die Menschen, die über die Berge schrieben, in ihnen sahen.

Nun aber los, der Berg ruft.

Carl Busse

Über den Bergen

Über den Bergen, weit zu wandern,
Sagen die Leute, wohnt das Glück,
Ach und ich ging im Schwarme der andern,
Kam mit verweinten Augen zurück.
Über den Bergen, weit, weit drüben,
Sagen die Leute, wohnt das Glück …

Wilhelm Blumenhagen

Auf den Bergen wohnt die Freiheit

Auf den Bergen wohnt die Freiheit;
Auf den Bergen thront das Licht!
Menschenbrust wird leichter droben,
Was sie drückte, fühlt sie nicht.
Hin drum zu den blauen Höhen,
Wo die frischen Lüfte wehen;
Fern die Erdmisere da
Und der Sternenhimmel nah! –

Joseph Victor von Scheffel

Ausfahrt

Berggipfel erglühen,
Waldwipfel erblühen
Vom Lenzhauch geschwellt;
Zugvogel mit Singen
Erhebt seine Schwingen,
Ich fahr' in die Welt.

Mir ist zum Geleite
In lichtgoldnem Kleide
Frau Sonne bestellt;
Sie wirft meinen Schatten
Auf blumige Matten,
Ich fahr' in die Welt.

Mein Hutschmuck die Rose,
Mein Lager im Moose,
Der Himmel mein Zelt:
Mag lauern und trauern,
Wer will, hinter Mauern,
Ich fahr' in die Welt!

Paula Dehmel

Spruch fürs Leben

Hinüber, hinein!
über Wipfel und Stein!
die Herzen zu baden
im Goldsonnenschein!
Auf schwierigen Pfaden
zu lichten Gnaden!
über Wipfel und Stein,
hinunter, hinein!

Francesco Petrarca

Die Besteigung des Mont Ventoux

In einem Brief an seinen Freund, den Mönch Dionigi da Borgo San Sepolcro, hält der Dichter Petrarca seine Eindrücke von der Besteigung des französischen Berges fest. Dieses Dokument, datiert auf den 26. April 1336, gilt weithin als die allererste Schilderung »zweckfreien« Bergwanderns um des Erlebnisses willen.

Den höchsten Berg unserer Gegend, der nicht unverdienterweise der windige genannt wird, habe ich gestern bestiegen, lediglich aus Verlangen, die namhafte Höhe des Ortes kennenzulernen.

Jener Berg, weit und breit sichtbar, stund mir fast allzeit vor Augen, allmählich ward mein Verlangen ungestüm, und ich schritt zur Ausführung, insbesondere nachdem ich tags vorher bei Lesung der römischen Geschichte im Livius auf jene Stelle gestoßen war, wo Philipp, der König von Makedonien, den Berg Hämus in Thessalien besteigt, von dessen Gipfel zwei Meere, das Adriatische und der Pontus Euxinus, sichtbar sein sollen: Ob dies nun richtig oder unrichtig ist, hab' ich nicht in Erfahrung gebracht.

Da ich mir aber die Wahl eines Reisegefährten überlegte, schien kaum irgendeiner meiner Freunde allseitig passend dafür. Kurz und gut, endlich warb ich häusliche Hilfstruppen und eröffnete meinem jüngeren Bruder die Sache. Dem konnte nichts fröhlicher kommen; er wünschte sich Glück, zugleich Bruders und Freundes Stelle bei mir einzunehmen.

Am bestimmten Tag zogen wir von Hause ab und kamen gegen Abend nach Malaucène. Dieser Ort liegt an den Abhängen des Berges gegen Norden; dort verweilten wir einen Tag, und heute endlich bestiegen wir mit etlichen dienenden Leuten den Berg, nicht ohne große Schwierigkeit, denn er ist eine steile und kaum zugängliche Masse felsigen Terrains. Der Tag war lang, die Luft mild, die Gemüter waren entschlossen, die Körper stark und geübt im Marschieren; nur die Natur des Ortes schuf uns Hindernisse.

In den Schluchten des Gebirgs trafen wir einen alten Hirten, der versuchte mit vielen Worten, uns von der Besteigung abzubringen, und sagte, er sei vor schier fünfzig Jahren in demselben Drang jugendlichen Feuers auf die höchste Höhe emporgestiegen, habe aber nichts mit zurückgebracht als Reue und Mühsal, Leib und Gewand zerrissen von Steinen und Gedörn, und es sei niemals, weder vorher noch nachher, gehört worden, dass einer Ähnliches gewagt. Während er aber also plauderte, wuchs bei uns – wie ja der Jugend Sinn stets ungläubig ist für Warnungen – aus der Schwierigkeit das Verlangen.

Beim Hirten ließen wir zurück, was uns an Gewändern und Gerät lästig war, gürteten und schürzten uns nun lediglich für die Bergbesteigung und stiegen wohlgemut und hitzig empor. Aber – wie es zu gehen pflegt – auf mächtige Anstrengung folgt plötzliche Ermüdung. Wir machten also nicht weit von da auf einem Felsen halt; von dort rückten wir wiederum vorwärts, aber langsamer, und ich insbesondere fing schon an, den Gebirgspfad mit bescheidenerem Schritt zu beschreiten. Mein Bruder strebte auf einem abschüssigen Pfad mitten über die Joche des Berges zur Höhe empor; ich, als weicherer Steiger, wandte mich mehr den Schluchten zu. Da er mir nun zurief und den Weg richtiger bezeichnete, erwiderte ich ihm, ich hoffe, von der anderen Seite leichter emporzukommen, und scheue mich nicht vor dem Umweg, wenn er mich ebener führe. Dieser Vorwand sollte die Entschuldigung meiner Trägheit sein; aber während die andern schon hoch auf der Höhe stunden, irrte ich noch durch die Täler, ohne dass irgendwo ein sanfterer Aufweg sich auftat; nur mein Weg ward verlängert und die unnötige Arbeit erschwert. Indessen, da ich missmutig mich meines Irrtums ärgerte, beschloss ich, geradewegs die Höhe zu erstreben, erreichte auch wirklich müd und mit zitternden Knien meinen Bruder, der sich mit langem Ausruhen erquickt hatte.

Kurz, nicht ohne Lachen meines Bruders stieß mir solches während weniger Stunden drei oder mehr Mal zu. Solcherweise oft getäuscht, machte ich in einem Tale halt.

Den obersten der Gipfel heißen die Leute im Gebirg »das Söhnlein«, warum, weiß ich nicht, vielleicht des Gegensatzes halber, denn er schaut in Wahrheit eher wie der Vater aller benachbarten Berge aus. Auf seinem Scheitel streckt sich eine kleine Ebene, dort hielten wir ermüdet Rast.

Zuerst von ungewohntem Zug der Luft und dem freien Schauspiel ergriffen, stand ich wie ein Staunender – ich schaue zurück: da lagerten die Wolken zu meinen Füßen. Schon erschien mir minder fabelhaft der Athos und Olympus, da ich das, was ich von jenen gehört und gelesen hatte, an einem minder berühmten Berge erschaue.

Hernach wende ich den Blick nach der italienischen Seite, wohin sich ja am meisten die Seele neigt: starr und schneebedeckt und ganz in meiner Nähe erschienen mir die Alpen, durch welche einst jener wildeste Feind des römischen Namens sich einen Durchgang bahnte und, wenn der Sage zu glauben, mit Essig die Felsen sprengte – und doch sind sie ein Beträchtliches von hier entfernt. Ich seufzte, ich gestehe es, nach Italiens Himmel, der mehr meiner Seele als meinen Augen erschien, und eine unsägliche Sehnsucht, Freunde und Vaterland wiederzusehen, befiel mich – eine Sehnsucht, die ich eigentlich eine unmännliche Weichheit schelten sollte, aber auf großer Männer Zeugnis zur Entschuldigung stützen kann.

... Also beweinte ich meine Unvollkommenheit, bemitleidete die allgemeine Wandelbarkeit menschlicher Handlungen und hatte schier vergessen, warum ich heraufgekommen, bis ich einsah, dass noch andere Orte passender seien, sich mit Sorgen zu plagen, und bis ich das betrachtete, dessen Anblick zulieb ich heraufgestiegen. Denn schon war es Zeit, zurückzukehren, die Sonne neigte sich, der Schatten des Berges wuchs mächtig und gemahnte mich gleichsam, aufzuwachen. Da wandte ich mich rückwärts und schaute nach Westen.

Jener Grenzwall zwischen Frankreich und Spanien, die Gipfel der Pyrenäen, werden von dort aus nicht gesehen – nicht als ob ein fremder Gegenstand dazwischenstünde, sondern nur wegen der Unzulänglichkeit des menschlichen Auges. Zur Rechten aber waren die Berge der lyonischen Provinz, zur Linken der Meerbusen und die etliche Tagereisen entfernten Gewässer von Aigues-Mortes aufs Deutlichste sichtbar; die Rhone selbst strömte vor unsern Augen.

Wie ich nun dies im Einzelnen bewunderte und bald mich nach irdischen Dingen erkundigte, bald nach Vorbild des Leibes auch den Geist in höhere Sphären versetzen wollte, kam mir zu Sinn, das Buch der Bekenntnisse des Augustinus aufzuschlagen, um zu lesen, was mir entgegentreten würde.

Mein Bruder, erwartungsvoll, etwas von Augustinus zu vernehmen, stund mit gespannter Aufmerksamkeit – ich rufe Gott an und ihn selber, der bei mir war –, wie ich die Augen auf das Blatt senkte, stund geschrieben: Da gehen die Menschen, die Höhen der Berge zu bewundern und die Fluten des Meeres, die Strömungen der Flüsse, des Ozeans Umkreis und der Gestirne Bahnen, und verlieren dabei sich selber.

Ich gestehe, dass ich sehr betroffen war, meinen etwas zu hören begierigen Bruder bittend, mir nicht beschwerlich zu fallen, schloss ich das Buch, ich zürnte mir selber, dass ich auch jetzt noch irdische Dinge bewundert hatte, die ich längst schon selbst von den Philosophen der Heiden lernen gekonnt, dass nichts wunderbar als der Geist und dass, wenn dieser groß, nichts anderes mehr groß erscheint. Dann aber, sattsam zufrieden, den Berg gesehen zu haben, wandte ich den inneren Blick in mich selber zurück.

Wie oft hab' ich an jenem Tage talabwärts steigend und rückwärts gewendet den Gipfel des Berges betrachtet, aber seine

Höhe schien mir kaum mehr die Höhe einer Stube, verglichen mit der Höhe menschlicher Kontemplation, wenn dieselbe nicht in den Schmutz irdischer Niedrigkeit getaucht ist.

Das auch fiel mir bei jedem Schritt ein: Wenn es uns nicht verdrießt, so viel Schweiß und Mühsal zu ertragen, um den Körper dem Himmel ein weniges näher zu bringen: welches Kreuz, welcher Stachel darf eine Seele schrecken, die sich Gott nähern will …!

… Unter solchen Erregungen des Herzens kam ich ohne ein Gefühl des steinigen Fußpfades wieder bei jener gastlichen Hütte des Hirten an; vor Tagesanbruch waren wir von dort aufgebrochen, in tiefer Nacht kehrten wir zurück, der Mond spendete uns seinen dankenswerten Schein auf den Marsch. Dieweil nun unsre Diener mit Herbeischaffung der Abendmahlzeit beschäftigt sind, habe ich mich in einen abgelegenen Teil des kleinen Hauses begeben, dieses eiligst und aus frischem Gedächtnis zu schreiben, damit nicht, wenn ich's verschiebe, durch Änderung des Ortes auch die Gedanken ein ander Gewand erhalten und der Eindruck sich abschwäche.

Johann Wolfgang Goethe

Am Fuss des Montblanc

Von September 1779 bis Januar 1780 bereist Goethe die Schweiz und ihre Bergwelt samt Abstechern über die Landesgrenze. Seine Erlebnisse und Eindrücke schildert er in zahlreichen Briefen an seine enge Freundin Charlotte von Stein in Weimar.

[Chamonix,] den 5ten Nov. [1779] abends

Es ist immer eine Resolution als wie wenn man ins kalte Wasser soll, ehe ich die Feder nehmen mag, zu schreiben. Hier hätt' ich nun gerade Lust, Sie auf die Beschreibung der Savoyischen Eisgebirge, die Bourit, ein passionierter Kletterer, herausgegeben hat, zu verweisen.

Erfrischt durch einige Gläser guten Wein und den Gedanken, dass diese Blätter eher als die Reisenden und Bourits Buch bei Ihnen ankommen werden, will ich mein Möglichstes tun. Das Tal Chamonix, in dem wir uns befinden, liegt sehr hoch in den Gebirgen, es ist etwa sechs bis sieben Stunden lang und geht ziemlich von Mittag gegen Mitternacht; der Charakter, der mir es vor andern auszeichnet, ist, dass es in seiner Mitte fast gar keine Fläche hat, sondern das Erdreich wie eine Mulde sich gleich von der Arve aus gegen die höchsten Gebirge anschmiegt. Der Montblanc und die Gebirge, die von ihm herabsteigen, die Eismassen, die diese ungeheuren Klüfte ausfüllen, machen die östliche Wand aus, an der die ganze Länge des Tals hin sieben Gletscher, einer größer als der andere, herunterkommen. Unsere Führer, die wir gedingt hatten, das Eismeer zu sehen, kamen beizeiten. Der eine ist ein rüstiger junger Bursche, der andere schon älter und sich klug dünkender, der mit allen gelehrten Fremden Verkehr gehabt hat, von der Beschaffenheit der Eisberge sehr wohl unterrichtet und ein sehr tüchtiger Mann ist. Er versicherte uns, dass seit achtundzwanzig Jahren, so lang führ' er Fremde auf die Gebirge, er zum ersten Mal so spät im Jahr, nach Allerheiligen, jemand hinaufbringe, und doch versicherte er, dass wir alles ebenso gut wie im August sehen sollten. Wir stiegen, mit Speise und Wein gerüstet, den Montanvert hinan, wo uns der Anblick des Eismeers überraschen sollte. Ich würde es, um die Backen nicht so voll zu nehmen, eigentlich das Eistal oder den Eisstrom nennen. Denn die ungeheuren Massen von Eis dringen aus einem tiefen Tal, von oben anzusehn, in ziemlicher Ebene hervor. Grad hinten endigt ein spitzer Berg, wo von beiden Seiten Eisflüsse sich in den Hauptstrom ergießen. Es lag noch nicht der mindeste Schnee auf der zackigen Fläche, und die blauen Spalten glänzten gar schön hervor. Das Wetter fing nach und nach an sich zu überziehen, und ich sah wogige, graue Wolken, die Schnee anzudeuten schienen, wie ich sie niemals gesehn. In der Gegend, wo wir stunden, ist die kleine, von Steinen zusammengelegte Hütte für das Bedürfnis der Reisenden, zum Scherz das Schloss von Montanvert genannt. Monsieur Blaire, ein Engländer, der sich zu Genf aufhält, hat eine geräumigere an einem schicklicheren

Ort, etwas weiter hinauf, erbauen lassen, wo man, am Feuer sitzend, zu einem Fenster hinaus das ganze Eistal übersehen kann. Die Gipfel der Felsen gegenüber und auch in die Tiefe des Tals hin sind sehr spitzig ausgezackt, es kommt daher, weil sie aus einer Gesteinsart zusammengesetzt sind, deren Schichten fast ganz perpendikular in die Erde einschießen; wittert eine leichter aus, so bleibt die andere spitz in die Luft stehen, solche Zacken werden Nadeln genannt, und die Aiguille du Dru ist eine solche hohe merkwürdige Spitze, gerade dem Montanvert gegenüber. Wir wollten nunmehr auch das Eismeer betreten und diese ungeheuren Massen auf sich selbst beschauen. Wir stiegen den Berg hinunter und machten einige hundert Schritte auf den wogigen Kristallklippen herum. Es ist ein ganz trefflicher Anblick, wenn man, auf dem Eise selbst stehend, den oberwärts sich herabdrängenden und durch seltsame Spalten geschiedenen Massen entgegensieht, doch wollt' es uns nicht länger auf diesem schlüpfrigen Boden gefallen, wir waren weder mit Fußeisen noch mit beschlagenen Schuhen gerüstet, vielmehr waren unsere Absätze durch den langen Marsch abgerundet und geglättet, wir machten uns also wieder zu den Hütten hinauf und nach einigem Ausruhen zur Abreise fertig. Wir stiegen den Berg hinab und kamen an den Ort, wo der Eisstrom stufenweis bis hinunter ins Tal dringt, und traten in die Höhle, in der er sein Wasser ausgießt. Sie ist weit, tief, von dem schönsten Blau, und es steht sich sicherer im Grund als vorn an der Mündung, weil an ihr sich immer große Stücke Eis schmelzend ablösen. Wir nahmen unsern Weg nach dem Wirtshause zu, bei der Wohnung zweier Blondins vorbei: Kinder von zwölf bis vierzehn Jahren, die sehr weiße Haut, weiße, doch schroffe Haare, rote und bewegliche Augen wie die Kaninchen haben.

Die tiefe Nacht, die im Tale liegt, lädt mich zeitig zu Bette, und ich habe kaum noch so viel Munterkeit, Ihnen zu sagen, dass wir einen jungen zahmen Steinbock gesehen haben, der sich unter den Ziegen ausnimmt wie der natürliche Sohn von einem großen Herrn, dessen Erziehung in der Stille einer bürgerlichen Familie aufgetragen ist. Von unseren Diskursen geht's nicht an, dass ich etwas aus der Reihe mitteile, an Graniten, Gestellsteinen, Lärchen und Zirbelbäumen finden Sie auch keine große Erbauung; doch sollen Sie ehestens merkwürdige Früchte von unserm Botanisieren zu sehen kriegen. Ich bilde mir ein, sehr schlaftrunken zu sein, und kann nicht eine Zeile weiter schreiben.

Chamonix den 6. Nov. früh

Zufrieden mit dem, was uns die Jahreszeit hier zu sehen erlaubte, sind wir reisefertig, noch heute ins Wallis durchzudringen. Das ganze Tal ist über und über bis an die Hälfte der Berge mit Nebel bedeckt, wir müssen erwarten, was Sonne und Wind zu unserm Vorteil tun werden. Unser Führer schlägt uns einen Weg über den Col de Balme vor. Ein hoher Berg, der an der nördlichen Seite des Tals gegen Wallis zu liegt und auf dem wir, wenn wir glücklich sind, das Tal Chamonix mit seinen meisten Merkwürdigkeiten noch auf einmal von seiner Höhe übersehen können. Indem ich dieses schreibe, geschieht an dem Himmel eine herrliche Erscheinung: die Nebel, die sich bewegen und die sich an einigen Orten brechen, lassen wie durch Tagelöcher den blauen Himmel sehen und die Gipfel der Berge, die oben, über unserer Dunstdecke, von der Morgensonne beschienen werden. Auch ohne die Hoffnung eines schönen Tags ist dieser Anblick dem Aug' eine rechte Weide. Erst jetzt hat man einiges Maß für die Höhe der Berge. Erst in einer ziemlichen Höhe vom Tal auf streichen die Nebel an dem Berg hin, hohe Wolken steigen von da auf, und alsdann sieht man noch über ihnen die Gipfel der Berge in der Verklärung schimmern. Es wird Zeit! Ich nehme zugleich von diesem geliebten Tal und von Ihnen Abschied.

Martinach im Wallis den 6 Nov. abends

Glücklich sind wir herübergekommen, und so wäre auch dieses Abenteuer bestanden. Die Freude über unser gutes Schicksal wird mir noch eine halbe Stunde die Feder lebendig erhalten.

Unser Gepäck auf ein Maultier geladen, zogen wir gegen neune heute früh von Prieuré aus. Die Wolken wechselten, dass die Gipfel der Berge bald erschienen, bald verschwanden, bald die Sonne streifweis ins Tal dringen konnte, bald die Gegend wieder verdeckt wurde. Wir gingen das Tal hinauf, den Ausguss des Eistals vorbei, ferner den Glacier d'Argentière hin, der höchste von allen, dessen oberster Gipfel uns aber von Wolken bedeckt war. In der Gegend wurde Rat gehalten, ob wir den Stieg über den Col de Balme unternehmen und den Weg über Valorsine verlassen wollten. Der Anschein war nicht der vorteilhafteste, doch da hier nichts zu verlieren und viel zu gewinnen stund, traten wir unsern Weg keck gegen die dunkle Nebel- und Wolkenregion an. Als wir gegen den Glacier Dutour kamen, rissen sich die Wolken auseinander, und wir sahen auch diesen schönen Gletscher in völligem Lichte. Wir setzten uns nieder, tranken eine Flasche Wein aus und aßen etwas weniges. Wir stiegen nunmehr immer den Quellen der Arve, auf raueren Matten und schlecht berasten Gegenden, entgegen und kamen dem Nebelkreis immer näher, bis er uns endlich völlig aufnahm. Wir stiegen eine Weile geduldig fort, als es auf einmal, indem wir aufschritten, wieder über unsern Häuptern helle zu werden anfing. Wenig dauerte es, so traten wir aus den Wolken heraus, sahen sie in ihrer ganzen Last unter uns auf dem Tale liegen und konnten die Berge, die es rechts und links einschließen außer dem Gipfel des Montblanc, der mit Wolken bedeckt war, sehen, deuten und mit Namen nennen. Wir sahen einige Gletscher von ihren Höhen bis zu der Wolkentiefe herabsteigen, von andern sahen wir nur die Plätze, indem uns die Eismassen durch die Bergschründe verdeckt wurden. Über die ganze Wolkenfläche sahen wir, außer dem mittägigen Ende des Tales, ferne Berge im Sonnenschein. Was soll ich Ihnen die Namen von den Gipfeln, Spitzen, Nadeln, Eis- und Schneemassen vorerzählen, die Ihnen doch kein Bild weder vom Ganzen noch vom Einzelnen in die Seele bringen, merkwürdiger ist's, wie die Geister der Luft sich unter uns zu streiten schienen. Kaum hatten wir eine Weile gestanden und uns an der großen Aussicht ergötzt, so schien eine feindselige Gärung in dem Nebel zu entstehen, der auf einmal aufwärtsstrich und uns aufs

Neue einzuwickeln drohte. Wir stiegen stärker den Berg hinan, ihm nochmals zu entgehen, allein er überflügelte uns und rollte uns ein. Wir stiegen immer frisch aufwärts, und bald kam uns ein Gegenwind vom Berge selbst zu Hilfe, der durch den Sattel, der zwei Gipfel verbindet, hereinstrich und den Nebel wieder ins Tal zurücktrieb. Dieser wundersame Streit wiederholte sich öfters, und wir langten endlich glücklich auf dem Col de Balme an. Es war ein seltsamer, eigener Anblick, der höchste Himmel über den Gipfeln der Berge war überzogen, unter uns sahen wir durch den manchmal zerrissenen Nebel ins ganze Tal Chamonix, und zwischen diesen beiden Wolkenschichten waren die Gipfel der Berge alle sichtbar. Auf der Ostseite waren wir von schroffen Gebirgen eingeschlossen, auf der Abendseite sahen wir in ungeheure Täler, wo doch auf einigen Matten sich menschliche Wohnungen zeigten. Vorwärts lag uns das Wallistal, wo man mit einem Blick bis Martinach hinein sehen konnte. Von allen Seiten von Gebirgen umschlossen, die sich weiter gegen den Horizont immer zu vermehren und aufzutürmen schienen, so standen wir auf der Grenze von Savoyen und Wallis. Einige Contrebandiers kamen mit Mauleseln den Berg herauf und erschraken vor uns, da sie an dem Platz jetzt niemand vermuteten. Sie taten einen Schuss, als ob sie sagen wollten: »damit ihr seht, dass sie geladen sind« – und es ging einer voraus, um uns zu rekognoszieren. Da er unsern Führer erkannte und unsre harmlose Figuren sah, rückten die anderen auch näher, und wir zogen mit wechselseitigen Glückwünschen voneinander vorbei. Der Wind ging scharf, und es fing ein wenig an zu schneien. Nunmehr ging es durch einen sehr rauen und wilden Stieg abwärts, durch einen alten Fichtenwald, der sich auf Platten von Gestellstein eingewurzelt hatte. Vom Wind übereinander gerissen, verfaulten hier die Stämme mit ihren Wurzeln, und die zugleich losgebrochenen Felsen lagen schroff durcheinander. Endlich kamen wir ins Tal, wo der Trientfluss aus einem Gletscher entspringt, ließen das Dörfchen Trient ganz nahe rechts liegen und folgten dem Tale durch einen ziemlich unbequemen Weg, bis wir endlich gegen sechse hier in Martinach auf flachem Wallisboden angekommen sind, wo wir uns zu weiteren Unternehmungen ausruhen wollen.

Barthold Heinrich Brockes

Die Berge

In seinem neun Bände umfassenden Dichtwerk »Irdisches Vergnügen in Gott« hat der Hamburger Schriftsteller und Frühaufklärer unzählige Elemente und Aspekte der als Gottes Schöpfung begriffenen Welt in gründlich auslotende Verse gefasst. Den Bergen allein widmet er insgesamt 21 Strophen.

Welche Körper! welche Spitzen!
Welche Welt von Kies und Stein!
Welche Höhlen, Brüch' und Ritzen
Sieht man, wo viel Berge sein!
Was für Spalten! welche Grüfte!
Welche Klippen! welche Klüfte!
Gipfel, deren steile Höh'n
Selbst die Wolken übergehn.

Ihre grauen Häupter decken
Unvergänglichs Eis und Schnee,
Ihre Felsen-Füße stecken
In dem Grund der tiefsten See,
Und die starre Brust erträget
Unverändert, unbeweget
Alle Wetter, Frost und Hitz',
Donner, Hagel, Sturm und Blitz.

So viel Jahre, so viel Zeiten
Nagen auf der Berge Rumpf:
Doch wird auf den schroffen Seiten
Der Verwesungs-Zahn selbst stumpf,
Und es will ihr steifer Rücken
Sich vor keiner Änd'rung bücken:
Aller Elementen Macht
Wird von ihnen nichts geacht't.

So entsetzlich sind die Höhen,
Die bald steil, bald rau, bald glatt,
Dass der Blick von vielem Sehen,
Und so ferner Reise, matt,
Kaum zum Gipfel kann gelangen,
Die, wenn sie voll Wolken hangen,
Nach dem blöden Augen-Schein
Selbst des Himmels Stützen sein.

Wenn man jemand, dessen Augen
Niemals ein Gebirg' gesehn,
Sollt' im Schlaf zu bringen taugen
Auf der Alpen raue Höh'n,
Und ihn dort erwachen lassen;
Würd' er nicht vor Furcht erblassen?
Glaubend, dass er nun nicht mehr
Lebend und auf Erden wär.

Albrecht von Haller

Die Alpen

Ein dichterisches Großprojekt, erschienen 1732 und von den Zeitgenossen bestaunt: Der Schweizer Universalgelehrte Haller hat in nicht weniger als 49 Strophen die heimatlichen Berge besungen.

Wenn Titans erster Strahl der Gipfel Schnee vergüldet
Und sein verklärter Blick die Nebel unterdrückt,
So wird, was die Natur am prächtigsten gebildet,
Mit immer neuer Lust von einem Berg erblickt;
Durch den zerfahrnen Dunst von einer dünnen Wolke
Eröffnet sich zugleich der Schauplatz einer Welt,
Ein weiter Aufenthalt von mehr als einem Volke
Zeigt alles auf einmal, was sein Bezirk enthält;
Ein sanfter Schwindel schließt die allzu schwachen Augen,
Die den zu breiten Kreis nicht durchzustrahlen taugen.

Ein angenehm Gemisch von Bergen, Fels und Seen
Fällt nach und nach erbleicht, doch deutlich, ins Gesicht,
Die blaue Ferne schließt ein Kranz beglänzter Höhen,
Worauf ein schwarzer Wald die letzten Strahlen bricht;
Bald zeigt ein nah Gebirg die sanft erhobnen Hügel,
Wovon ein laut Geblök im Tale widerhallt;
Bald scheint ein breiter See ein meilenlanger Spiegel,
Auf dessen glatter Flut ein zitternd Feuer wallt;

Bald aber öffnet sich ein Strich von grünen Tälern,
Die, hin und her gekrümmt, sich im Entfernen schmälern.

Dort senkt ein kahler Berg die glatten Wände nieder,
Den ein verjährtes Eis dem Himmel gleich getürmt,
Sein frostiger Kristall schickt alle Strahlen wieder,
Den die gestiegne Hitz im Krebs umsonst bestürmt.
Nicht fern vom Eise streckt, voll futterreicher Weide,
Ein fruchtbares Gebirg den breiten Rücken her;
Sein sanfter Abhang glänzt von reifendem Getreide,
Und seine Hügel sind von hundert Herden schwer.
Den nahen Gegenstand von unterschiednen Zonen
Trennt nur ein enges Tal, wo kühle Schatten wohnen.

Hier zeigt ein steiler Berg die mauergleichen Spitzen,
Ein Waldstrom eilt hindurch und stürzet Fall auf Fall.
Der dick beschäumte Fluss dringt durch der Felsen Ritzen
Und schießt mit gäher Kraft weit über ihren Wall.
Das dünne Wasser teilt des tiefen Falles Eile,
In der verdeckten Luft schwebt ein bewegtes Grau,
Ein Regenbogen strahlt durch die zerstäubten Teile
Und das entfernte Tal trinkt ein beständigs Tau.
Ein Wandrer sieht erstaunt im Himmel Ströme fließen,
Die aus den Wolken fliehn und sich in Wolken gießen.

Karoline von Günderrode

Der Kaukasus

Mir zu Häupten Wolken wandeln,
Mir zur Seite Luft verwehet,
Wellen mir den Fuß umspielen,
Türmen sich und brausen, sinken. –
Meine Schläfe Jahr' umgaukeln,
Sommer, Frühling, Winter kamen,
Frühling mich nicht grün bekleidet,
Sommer hat mich nicht entzündet,
Winter nicht mein Haupt gewandelt.
Hoch mein Gipfel über Wolken
Eingetaucht im ew'gen Äther
Freuet sich des steten Lebens.

Annette von Droste-Hülshoff

Der Säntis

Frühjahr

Die Rebe blüht, ihr linder Hauch
Durchzieht das tauige Revier,
Und nah und ferne wiegt die Luft
Vielfarb'ger Blumen bunte Zier.

Wie's um mich gaukelt, wie es summt
Von Vogel, Bien' und Schmetterling,
Wie seine seidnen Wimpel regt
Der Zweig, so jüngst voll Reifen hing.

Doch sucht man gern den Sonnenschein
Und nimmt die trocknen Plätzchen ein;
Denn nachts schleicht an die Grenze doch
Der landesflücht'ge Winter noch.

O du mein ernst gewalt'ger Greis,
Mein Säntis mit der Locke weiß!
In Felsenblöcke eingemauert,
Von Schneegestöber überschauert,
In Eisenpanzer eingeschnürt:
Hu, wie dich schaudert, wie dich friert!

Rudolf Baumbach

Dir, mächt'ger Triglav

Dir, mächt'ger Triglav, gilt mein Lied, mein Grüßen!
Drei Häupter hebst du trotzig in die Höh'
Wie jener Gott, nach dem sie einst dich hießen,
Und jedes trägt ein Diadem von Schnee.

Ich bin umstarrt von hundert Bergesriesen,
Wenn schwindelnd ich auf deinem Scheitel steh',
Es lacht ein grün Gelând' zu meinen Füßen,
Mich grüßt Italien und die blaue See.

In deinen Klüften wohnt die graue Sage,
Es klingt ihr Sang so trüb und doch so traut,
Wie eines Mädchen leise Trauerklage;

Und was sie mir, dem Wandrer einst vertraut,
Sei zur Erinnrung an vergangne Tage
Erzählt in meiner Muttersprache laut.

Wilhelm Waiblinger

Vesuv

Steig' ich, o Berg, auf dein rauchendes Haupt, und es treibet
mich oftmals
Unerforschter Natur großes Geheimnis hinan,
Denk' ich stets an die Reise durch's unermessliche Leben,
Dessen Abgrund ein Geist ewigen Feuers bewegt.
Erst aus dem muntern Städtchen, vom frommen Tiere getragen,
In des Führers Geleit steigt man behaglich hinan.
Mitten in lachender Fülle des schwerbeladenen Weinlaubs
Bist du und üppiges Grün hüllet die Ferne dir zu.
So das glückliche Kind, bis dem reifenden Jüngling das Weite
Sie durchs zaubrische Reich blühender Gärten erschließt.
Nicht der Sonne beschwerlichen Druck, ihr verklärendes Licht
nur
Fühlt er, genießt und durchschwärmt mutig die heitere Welt.
Sieh, da hemmt ihm den eilenden Fuß die erkaltete Lava,
Ihre Strömung umstarrt finster das seltnere Grün.
Glühend einst in versengender Glut aus dem Krater gestrudelt,
So begegnet die Flut düstrer Erfahrungen uns,
Die erst brennend für's liebende Herz, und sein fruchtbares
Streben,
Tot für's Getäuschte, dem Schlund feurigen Lebens entströmt.
Weiter klimmt er verwegen, noch schützt ihn Atem und
Jugend,

Fällt er zuweilen, behänd richtet er wieder sich auf.
So erreicht er den Krater, und steigt vom ermüdeten Tiere,
Weiter bringt ihn und trägt nur ihn die eigene Kraft.
Also der Mann. Und empor die pfadlos steinige Höhe
Hilft er sich keuchend hinan, Atem und Stimme versagt.
Asche stäubet um ihn, und in Asche watet er stöhnend,
Rauch umdampft ihm den Sinn, donnernd erschallt es im Berg.
Selten blickt er ruhig zurück auf den fröhlichen Abhang,
Wie auf die Jugend, belebt, stärket die sinkende Kraft.
Da erreicht er das herrliche Ziel, und es öffnet die Welt sich
Groß und gewaltig vor ihm: freudig zum Krater hinab
Schaut er und sieht, wie prasselnd dem Aschenhügel die Flamme
Prachtvoll entsteigt, und des Schlunds feurige Kräfte verströmt.
So erkennet der Mann die verborgene Quelle der Dinge,
Und das Menschengemüt, wie es sich selber verzehrt.
Stückweis nicht, es entfaltet sich ganz das unendliche Leben,
Grenzenlos, wie das Meer, das zu den Füßen ihm liegt.
Höher steiget er nicht; es senkt die Sonne sich unter,
Abwärts führt ihn der Weg schneller in schweigender Nacht,
Die er, die Ruh' ersehnend, durcheilt, und eh' er sich's denket,
Wie der Mensch an sein Grab, ist er zum Ziele gelangt.

Franz Grillparzer

Aus den Reisetagebüchern auf der Reise nach Italien (1819)

Es ward beschlossen, den Vesuv zu besteigen. Man hatte mir so viel von den Beschwerlichkeiten dieser Bergreise gesagt, dass ich, besonders da ich mich eben nicht wohl befand, beinahe Anstand nahm, sie mitzumachen. Nur das Verlangen, das Wunder in der Nähe zu sehen, und die Betrachtung, dass meine Gesundheit wohl während meines ganzen Aufenthaltes in dem mir nicht zuträglichen Neapel dem Unternehmen nie günstiger sein dürfte, bewogen mich, trotz des Abratens aller meiner Bekannten, in guter Gesellschaft es zu wagen. Freitags, am 14. Mai, fuhr ich mit Károlyi und Chialli nach Portici, wo wir bei Esterházy ein fröhliches Mahl einnahmen und dem Vesuv, der in seiner düstern Pracht vor uns lag, aus vollen Champagnergläsern nur allzu häufige Lebehochs brachten. Endlich kam es zum Aufbruch, den die Freuden der Tafel wohl um zwei Stunden über unser erstes Vornehmen hinausgeschoben hatten, und wir fuhren um vier Uhr in zwei Wagen von Portici ab. In Resina, von wo aus man nicht mehr weiter zu Wagen gehen kann, hielten wir an und waren in einem Augenblicke von einem Haufen zerlumpter Kerls umringt, die, jeder einen gesattelten Esel an der Hand, uns ihr Tier zum Besteigen anboten, wobei sie mit entsetzlichem Geschrei sich bald untereinander wegdrängten und wegstießen, bald sogar an uns selbst Hand anlegten, um uns Zögernde kurz und gut auf die

Tiere hinaufzuheben. Ich suchte mir aus dem Haufen den stärksten Kerl samt dem tüchtigsten Esel aus und machte mich so reisefertig. Bald war die ganze Gesellschaft im Sattel, und umringt von Eseltreibern und lärmenden Gassenbuben, die teils Wein und Orangen nachtrugen, teils durch Eselhalten oder andre kleine Handreichungen eine buona mano zu erhaschen hofften, traten wir unsern komisch-romantischen Zug an. Der Berg lag vor uns da, von den Strahlen der dem Untergang nahen Sonne malerisch beleuchtet, und der dicke Rauch, der seinem Gipfel entstieg, ließ auf eine interessante Nacht hoffen, was uns auch unsere Führer im voraus zusicherten. Man kann sich überhaupt nicht leicht etwas Schöneres denken als diesen Vesuv, besonders von der jenseitigen, der Stadt abgewendeten Seite betrachtet. Am Fuße mit herrlichem Grün bedeckt, schneiden sich die scharfen Konturen seiner höhern Teile durch ihr Schwarz herrlich von dem tiefblauen Himmel ab. Dazu die glühende Rauchsäule vom Gipfel und das blaugrüne Meer zu seinen Füßen – ich konnte während meines ganzen Aufenthaltes in Neapel nicht satt werden, ihn zu betrachten und mich zu freuen. Wir nun stiegen eben auf unsern Tieren den sanften Abhang hinauf, der von Resina zu dem Sattel führt, von dem aus die beiden Gipfel des Berges sich trennen und wo die Hütte eines Einsiedlers als Grenzscheide dasteht zwischen dem Gebiete der Menschen und dem freien Reiche der ungebändigten Natur. Anfangs geht der Weg sehr anmutig zwischen Rebengehängen und Baumgruppen, aber bald wirft das Ungeheuer den gleißenden Schein ab und steht da, schroff und kahl und schwarz wie das Verderben. Nun hatten wir einige

Höhe erreicht und konnten die veralteten Ströme der Lava verfolgen, wie sie von Epoche zu Epoche ihren verwüstenden Lauf genommen hatten ins blühende Tal. Hier weit verbreitet der Ausbruch von 1794, der Torre del Greco begrub und bis ins kochende Meer hinab sich stürzte, an dessen Ufern er noch gestockt dasteht wie ein gesprengter Fels; dort frühere und spätere, die sich durch Farbe und Dichtigkeit leicht unterscheiden lassen. Grässlich ist der Anblick dieser Lavafelder, die von nun an, fast durch keine Vegetation unterbrochen, sich schwarz und schroff bis zur Hütte des Einsiedlers hin erstrecken. Aber blickt man hinter sich, dann merkt man wohl, dass man sich trotz all des Gräuels doch noch immer auf der schönen Erde befinde, wo das Grässliche wohl auch vorkommt, aber nur als Ausnahme, unbeschadet der lieblichen Regel. Rechts, tief unten, das herrliche Neapel und der sorgenbrechende Pausilipp, links die reiche Küste von Castell a Mare und Sorrent, samt Vico, von seiner Felsenplatte hinabschauend ins abendbeleuchtete Meer, das sich unermesslich ausbreitet, mit Inseln gekrönt. Hier begegneten wir der Kaiserin, die, grün verschleiert, auf einem Maultiere reitend, nur von ihrem Obersthofmeister und einigen Frauen begleitet, den Berg hinabstieg und sich fast feenhaft ausnahm, so beritten und begleitet mitten im Zauber dieser Wunderwelt. Symbolisch bedeutend dünkte uns allen das Erscheinen der herrlichen Frau gerade auf diesem Platze, der als ein versöhnender Vermittler daliegt zwischen des Berges schroffer Größe und der anmutigen Milde des Tales. Wir aber ritten aufwärts. Die Sonne senkte sich glühend ins glühende Meer, vor uns begann's zu dämmern, schon leuchteten die Rauchsäulen des Vesuvs, und die Lava brannte. Endlich war des Berges Sattel erreicht, und wir sahen die Hütte des Einsiedlers, wo das Pflanzenleben als Laub und Gras zum letzten Male sich zeigt und Abschied nimmt von dem Wanderer zur Behausung des Feuers. Ohne uns aufzuhalten, setzten wir unsern Weg weiter fort, um noch vor einbrechender Nacht den Gipfel zu erreichen, der bei völliger Dunkelheit beschwerlich zu erklimmen ist, und bald war der Ort erreicht, wo der Berg so schroff sich emporhebt, dass an kein Reiten mehr zu denken ist und man sich den eigenen Füßen vertrauen muss. Auf dem Wege dahin begegnete mir, vom Berg herabkommend, ein einzelner Wanderer, der mich beim Namen rief und mühsam sein Reittier auf mich zuzulenken suchte. Ich hielt an. Es war der preußische Major Seidel. Allein mit einem Führer und totenblass. »Um's Himmels willen«, rief er mir zu, »wenn Ihnen Ihre Gesundheit lieb ist, kehren Sie jetzt noch um, da es Zeit ist! Man kann sich den Tod holen auf dem Berge!« – Ich, die leuchtenden Flammen des Vesuvs vor mir und von brennender Begierde angespornt, dachte weder an Gesundheit noch Gefahr, und mit lustigem Übermut für die Warnung dankend, ritt ich davon, dem allanziehenden Magnetberge entgegen. Jetzt waren wir am Fuße der letzten Spitze, auf deren Gipfel der Krater sich befindet. Wir stiegen von den Tieren, ergriffen mächtige Stöcke und folgten jeder unserm Führer, die, Gürtel um den Leib geschlungen, an denen man sich auf den beschwerlichsten Stellen anhalten kann, den Berg zu erklimmen begannen. Das ist nun wirklich ein höchst mühevolles Beginnen. Einmal ist der Berg ungemein steil, sodass, wenn nicht das lebhafte Interesse wäre, das er einflößt und das jede andere Betrachtung verschlingt, es einem manchmal schauerlich zumut werden müsste; dann wird das Klettern selbst noch dadurch sehr beschwerlich, dass man teils auf lockerm Geschiebe fortklimmt, das dem Tritte nachgibt und hinabrollend den Fuß nach sich zieht, teils in Sand und Asche, in der man waten muss bis an die Knöchel, teils endlich auf fester Lava, die durch ihre Zacken und Unebenheiten sehr beschwerlich wird. So klettert man wohl eine Stunde. Ich aber war so begeistert von dem, was ich sah, dass ich oben auf dem Gipfel mich kräftiger fühlte als unten am Fuß des Berges. Es war bereits dunkel geworden, als ein uns entgegenwehender schweflichter Dunst uns ankündigte, dass wir uns dem Feuerherde näherten. Zugleich fing der Boden unter unsern Füßen an warm zu werden; denn da der Lavastrom sich erst vor einigen Tagen geändert und aus der Richtung von Portici sich nach der Gegend von Torre del Greco hingezogen hatte, wandelten wir auf Lava, die nicht älter war als drei Tage und die erst auf der Oberfläche etwas abgekühlt war, unten aber noch glühte, wie wir leicht durch die tiefen Ritzen sehen konnten, die allenthalben klafften. Man sagte mir, das sei grausenhaft anzusehen, ich fand es nur begeisternd und erhaben. Habe Dank, Natur, dass es ein Land gibt, wo du herausgehst aus deiner Werkeltagsgeschäftigkeit und dich erweisest als Götterbraut und Weltenkönigin, habe Dank! Und mir sei vergönnt, dich von Zeit zu Zeit zu schauen in deiner Majestät, wenn du mich lange genug ermüdet hast in deiner Alltäglichkeit! – Dichter und dichter wurden die Dämpfe, heißer und heißer der Boden, da quoll's rechts hervor wie ein leuchtender Strom, und es war die Lava, die durch eine Seitenöffnung des Berges tief unter dem Krater sich glühend ergoss. Wir darauf hin über Rauch und Qualm. Der feurige Strom hatte sich eine Rinne gebildet aus seiner eigenen gestockten Masse, in dieser Rinne wälzte er sich nun, etwa ellenbreit, weitleuchtend fort. Wie geschmolzenes, schwerflüssiges Metall war sein langsamer Lauf, der in der Dunkelheit der bereits hereingebrochenen Nacht einen fürchterlich schönen Anblick darbot. Wir traten hinzu, ungeachtet der Hitze, die der im Innern eines Schmelzwerkes gleichkam und den Schweiß am ganzen Körper ausbrechen machte. Die Masse war so hochglühend, dass ein hineingestoßener Stock sich auf der Stelle entzündete, und so zäh und dicht, dass man nicht ohne Mühe tief hineinstechen konnte. Dabei war der Boden so heiß, dass man kaum einige Sekunden auf derselben Stelle stehen konnte und immer den Platz wechseln musste. Meine Füße waren durch die Sohlen meiner ungewöhnlich starken Stiefel halb gebraten, als wir endlich uns entfernten, nachdem wir vorher sämtlich allerlei Münzen in herausgeholte Lava getaucht und diese zum Andenken mitgenommen hatten.

Nun galt es, den letzten Aschenhügel zu erklimmen, auf dessen Spitze sich der Krater befindet. Dieser letztere liegt eigentlich, von Portici aus betrachtet, etwas tiefer und wird von einer Spitze gedeckt, die, mit ihm zusammenhängend, ihn überragt. Eine dritte Spitze desselben Lavahügels liegt fast in gleicher Höhe mit dem Krater weiter links. Wir begannen die obengenannte zweite Spitze zu erklettern, von der man, da sie höher liegt, den

Krater übersehen und auch zu demselben hinabsteigen kann. Bis dahin hatte sich der Berg ziemlich ruhig verhalten. Regelmäßige Ausbrüche, von mäßigen Steinwürfen begleitet, die alle größtenteils wieder in den Krater zurückfielen, schienen unserm Unternehmen günstig zu sein. Aber eben, als wir nun hinaufzusteigen begannen, änderte sich die Szene. Nach einer Stille, die länger dauerte als sonst gewöhnlich, erdonnerte es tief unten, und mit einer hoch emporschlagenden Flamme flogen Hunderte von Steinen nach allen Richtungen durch die Luft. Noch erreichte uns zwar der Wurf der Steine nicht, aber wenn sie am Hügel niederfielen, sprangen die größten davon in weiten Sätzen den Abhang hinunter, sodass man kaum ausweichen konnte und statt auf den Weg immer in die Luft sehen musste. Von diesen Steinen, die bis zu unseren Füßen fielen und wohl noch tiefer hinabrollten, waren einige größer als ein Menschenkopf und nicht etwa ausgebrannte leichte Schlacken, sondern dichte Felstrümmer, die wir kaum mit unsern Stöcken vom Platze fortschieben konnten, dabei so glühend, dass an einem derselben, der einen von uns beinah am Fuße beschädigt hatte, unsere Führer die Fackel anzündeten. Diese Ausbrüche wiederholten sich ohne Aufhören, sodass die glühenden Steine allenthalben herumflogen und wir zurückweichen mussten. Zugleich erklärten unsere Führer, dass sie um keinen Preis weiter vorgehen würden, da jeder Schritt todesgefährlich sein könne. Güte und Drohen war vergebens. Da es nun überdies wirklich Tollkühnheit gewesen wäre, sich in dunkler Nacht, auf einem unsichern Wege, Gefahr von unten und oben, dem fortwährenden Steinregen auszusetzen, so blieb nichts übrig, als das Besteigen des Kraters auf einen ruhigern Tag zu verschieben und sich für jetzt mit der Betrachtung der Ausbrüche zu begnügen, zu welchem Ende wir die Spitze links vom Krater bestiegen und nun in das uns gegenüberliegende Flammenmeer hineinsahen, ohne dass die Steinwürfe uns erreichen konnten. Unausgesetzt, als wollte er uns ein Fest geben, fuhr der Berg in seinen Ausbrüchen fort, die mit ungewöhnlicher Stärke jedes Mal die ganze Gegend in Flammen setzten und ein Schauspiel darboten, mit dem nichts verglichen werden kann. Nachdem wir eine Stunde uns an der Herrlichkeit geweidet und vergeblich erwartet hatten, dass ein Nachlassen der Ausbrüche uns Gelegenheit verschaffen würde, dennoch den Krater zu besteigen, traten wir unsern Rückweg an, der auf einer andern Seite steilrecht durch Asche und Gerölle geht, in der man ganz eigentlich bis über die Knie waten muss. Wie wir nun mit großer Beschwerlichkeit beim Schein der Fackeln hinabglitten, die Hütte des Einsiedlers erreichten, ohne uns aufzuhalten, fortritten, um elf Uhr nachts in Portici angelangt, die Bergfahrt – ebenso, wie wir sie begonnen – mit einem fröhlichen Mahle schlossen und endlich ziemlich ermüdet nach Neapel zurückkehrten, beut nichts dar, was einer besondern Erinnerung würdig wäre.

Ludwig Bechstein

Zwei Geschichten aus dem Deutschen Sagenbuch

Die übergossene Alm

Im bayerischen Hochgebirge ragt unter der weiten Kette mächtiger Alpenhäupter auch der Wendelstein sechstausenddreihundert Fuß hoch in die Lüfte, und ewiger Schnee bedeckt die Höhen ringsumher. Am Abhang dieses Berges war nordwärts eine Alm gelegen, die Kaiserer Alm genannt, die war gar blumenvoll, rings gute Weide, und standen schöne Sennhütten droben, mit frischen und lustigen Sennerinnen, die wussten gar nicht, wie gut sie es hatten, und weil sie es zu gut hatten, wurden sie übermütig, führten ein üppiges Leben und sannen auf allerlei Lustfrevel und unnütze Dinge. Sie hingen den Kühen silberne Glocken an und vergoldeten den Stieren die Hörner; sie wuschen sich mit Milch und pflasterten den Weg zum Stall mit Käsen, wie der Hirte auf der Blümelis-Alpe seine Treppe. Wein ließen sie von Salzburg fässleinweis heraufkommen und Schleckerbisslein auch, Rosinen, Mandelkern, Zucker und Zingiber, eingemachten versteht sich, Zimmet und Nägelein, Muskatblüt und -nuss, Pistazien und Zibeben, Datteln und Feigen, Marzipan und Biskuit. An Beten dachten selbige Dirnen die ganze Woche nicht, und den Sonntag auch nicht, und wenn die Woche herum war, wieder nicht, aber getanzt und gejuchzet haben's alleweil genug. Und da haben sie einmal einen ganzen Tanzplatz von Käsen gemacht, und die Lücken mit Butter ausgefüllt, und sind darauf herumgetanzt, und haben gemeint, der Teufel könnte hernach mit seiner Großmutter und seiner Kameradschaft die Käs' schon fressen, dass er auch einmal etwas in seinen hungrigen Wanst bekäme. Aber nun war es verspielt und war Gottes Geduldfaden abgerissen, und in der Nacht, da heult's und klopft's und pocht und donnert an die Sennhütten, und seufzt und ächzt und stöhnt, und die Windsbraut kommt dahergefahren, und die ewigstarren Wellen im Steinernen Meer wogen und branden, und es ist, als ob vom Watzmann bis zum Zugspitz das ganze Gebirg in eins zusammenkrache und -donnere. Ganze Berge Lawinenschnee übergossen die Alm mit den sündigen Menschen darauf, war nur schad ums arme Vieh – und als der Morgen kam, da war auf der ganzen Alm ein Schmelz, wie ein Zuckerguss auf einer Linzer Torte, und glitzerte hell im Sonnenschein – eitel Eis und Schnee und glattgefroren wie eine Gletscherwand. Das ist nun die übergossene Alm, ein ewiges Wahrzeichen von der Menschen Frevel und Gottes Strafgericht.

König Watzmann

Südöstlich von Salzburg streckt, mit ewigem Schnee bedeckt, hoch über sieben niedrigere Zinken ein Berg zwei riesige Zackenhörner gen Himmel, das ist der über neuntausend Fuß hohe

Watzmann. Von ihm erzählt das umwohnende Volk aus grauen Zeiten her diese Sage.

Einst, in undenklicher Frühzeit, lebte und herrschte in diesen Landen ein rauer und wilder König, welcher Watzmann hieß. Er war ein grausamer Wüterich, der schon Blut getrunken hatte aus den Brüsten seiner Mutter. Liebe und menschliches Erbarmen waren ihm fremd, nur die Jagd war seine Lust, und da sah zitternd sein Volk ihn durch die Wälder toben mit dem Lärm der Hörner, dem Gebell der Rüden, gefolgt von seinem ebenso rauen Weibe und seinen Kindern, die zu böser Lust auferzogen wurden. Bei Tag und bei Nacht durchbrauste des Königs wilde Jagd die Gefilde, die Wälder, die Klüfte, verfolgte das scheue Wild und vernichtete die Saat und mit ihr die Hoffnung des Landmanns. Gottes Langmut ließ des Königs schlimmes Tun noch gewähren. Eines Tages jagte der König wiederum mit seinem Tross und kam auf eine Waldestrift, auf welcher eine Herde weidete und ein Hirtenhäuslein stand. Ruhig saß vor der Hütte die Hirtin auf frischem Heu und hielt mit Mutterfreude ihr schlummerndes Kindlein in den Armen. Neben ihr lag ihr treuer Hund, und in der Hütte ruhte ihr Mann, der Hirte. Jetzt unterbrach der tosende Jagdlärm den Naturfrieden dieser Waldeinsamkeit; der Hund der Hirtin sprang bellend auf, da warf sich des Königs Meute alsobald auf ihn, und einer der Rüden biss ihm die Kehle ab, während ein anderer seine scharfen Zähne in den Leib des Kindleins schlug und ein dritter die schreckenstarre Mutter zu Boden riss. Der König kam indes nahe heran, sah das Unheil und stand und lachte. Plötzlich sprang der vom Gebell der

Hunde, dem Geschrei des Weibes erweckte Hirte aus der Hüttentüre und erschlug einen der Rüden, welcher des grausamen Königs Lieblingstier war. Darüber wütend, fuhr der König auf und hetzte mit teuflischem Hussa Knechte und Hunde auf den Hirten, der sein ohnmächtiges Weib erhoben und an seine Brust gezogen hatte und verzweiflungsvoll erst auf sein zerfleischtes Kind am Boden und dann gen Himmel blickte. Bald sanken beide zerrissen von den Ungetümen zu dem Kinde nieder; mit einem schrecklichen Fluchschrei zu Gott im Himmel endete der Hirte, und wieder lachte und frohlockte der blutdürstige König. Aber alles hat ein Ende und endlich auch die Langmut Gottes. Es erhob sich ein dumpfes Brausen, ein Donnern in Höhen und Tiefen, in den Bergesklüften ein wildes Heulen, und der Geist der Rache fuhr in des Königs Hunde, die fielen ihn jetzt selbst an und seine Königin und seine sieben Kinder und würgten alle nieder, dass ihr Blut zu Tale rann, und dann stürzten sie sich von dem Berge wütend in die Abgründe. Aber jener Leiber erwuchsen zu riesigen Bergen, und so steht er noch, der König Watzmann, eisumstarrt, ein marmorkalter Bergriese, und neben ihm, eine starre Jacke, sein Weib, und um beide die sieben Zinken, ihre Kinder – in der Tiefe aber hart am Bergesfuß ruhen die Becken zweier Seen, in welche einst das Blut der grausamen Herrscher floss, und der große See hat noch den Namen Königssee, und die Alpe, wo die Hunde sich herabstürzten, heißt Hundstod, und gewann so König Watzmann mit all den Seinen für schlimmste Taten den schlimmsten Lohn und hatte sein Reich ein Ende.

Heinrich Heine

Die Harzreise

Der Erzähler gelangt auf seiner im Jahr 1824 unternommenen Fußwanderung von Göttingen aus durch den Harz auf dessen höchste Erhebung, den Brocken.

Die Sonne ging auf. Die Nebel flohen, wie Gespenster beim dritten Hahnenschrei. Ich stieg wieder bergauf und bergab, und vor mir schwebte die schöne Sonne, immer neue Schönheiten beleuchtend. Der Geist des Gebirges begünstigte mich ganz offenbar; er wusste wohl, dass so ein Dichtermensch viel Hübsches wiedererzählen kann, und er ließ mich diesen Morgen seinen Harz sehen, wie ihn gewiss nicht jeder sah. Aber auch mich sah der Harz, wie mich nur wenige gesehen, in meinen Augenwimpern flimmerten ebenso kostbare Perlen, wie in den Gräsern des Tals, Morgentau der Liebe feuchtete meine Wangen, die rauschenden Tannen verstanden mich, ihre Zweige taten sich voneinander, bewegten sich herauf und herab, gleich stummen Menschen, die mit den Händen ihre Freude bezeigen, und in der Ferne klang's wunderbar geheimnisvoll, wie Glockengeläute einer verlornen Waldkirche. Man sagt, das seien die Herdenglöckchen, die im Harz so lieblich, klar und rein gestimmt sind.

Nach dem Stand der Sonne war es Mittag, als ich auf eine solche Herde stieß, und der Hirt, ein freundlich blonder junger Mensch, sagte mir: der große Berg, an dessen Fuß ich stände, sei der alte, weltberühmte Brocken. Viele Stunden ringsum liegt kein Haus, und ich war froh genug, dass mich der junge Mensch einlud, mit ihm zu essen. Wir setzten uns nieder zu einem Déjeuner dînatoire, das aus Käse und Brot bestand; die Schäfchen erhaschten die Krumen, die lieben, blanken Kühlein sprangen um uns herum, und klingelten schelmisch mit ihren Glöckchen, und lachten uns an mit ihren großen, vergnügten Augen. Wir tafelten recht königlich; überhaupt schien mir mein Wirt ein echter König. (…)

Wir nahmen freundschaftlich Abschied, und fröhlich stieg ich den Berg hinauf. Bald empfing mich eine Waldung himmelhoher Tannen, für die ich, in jeder Hinsicht, Respekt habe. Diesen Bäumen ist nämlich das Wachsen nicht so ganz leicht gemacht worden, und sie haben es sich in der Jugend sauer werden lassen. Der Berg ist hier mit vielen großen Granitblöcken übersäet, und die meisten Bäume mussten mit ihren Wurzeln diese Steine umranken oder sprengen, und mühsam den Boden suchen, woraus sie Nahrung schöpfen können. Hier und da liegen die Steine, gleichsam ein Tor bildend, übereinander, und oben darauf stehen die Bäume, die nackten Wurzeln über jene Steinpforte hinziehend, und erst am Fuße derselben den Boden erfassend, sodass sie in der freien Luft zu wachsen scheinen. Und doch haben sie sich zu jener gewaltigen Höhe emporgeschwungen, und, mit den umklammerten Steinen wie zusammengewachsen, stehen sie fester als ihre bequemen Kollegen im zahmen Forstboden des flachen Landes. So stehen auch im Leben jene großen Männer, die durch das Überwinden früher Hemmungen und Hindernisse sich erst recht gestärkt und befestigt haben. Auf den Zweigen der Tannen kletterten Eichhörnchen und unter denselben spazierten die gelben Hirsche. Wenn ich solch ein liebes, edles Tier sehe, so kann ich nicht begreifen, wie gebildete Leute Vergnügen daran finden, es zu hetzen und zu töten. Solch ein Tier war barmherziger als die Menschen, und säugte den schmachtenden Schmerzenreich der heiligen Genoveva.

Allerliebst schossen die goldenen Sonnenlichter durch das dichte Tannengrün. Eine natürliche Treppe bildeten die Baumwurzeln. Überall schwellende Moosbänke; denn die Steine sind fußhoch von den schönsten Moosarten, wie mit hellgrünen Sammetpolstern, bewachsen. Liebliche Kühle und träumerisches Quellengemurmel. Hier und da sieht man, wie das Wasser unter den Steinen silberhell hinrieselt und die nackten Baumwurzeln und Fasern bespült. Wenn man sich nach diesem Treiben hinabbeugt, so belauscht man gleichsam die geheime Bildungsgeschichte der Pflanzen und das ruhige Herzklopfen des Berges. An manchen Orten sprudelt das Wasser aus den Steinen und Wurzeln stärker hervor und bildet kleine Kaskaden. Da lässt sich gut sitzen. Es murmelt und rauscht so wunderbar, die Vögel singen abgebrochene Sehnsuchtslaute, die Bäume flüstern wie mit tausend Mädchenzungen, wie mit tausend Mädchenaugen schauen uns an die seltsamen Bergblumen, sie strecken nach uns aus die wundersam breiten, drollig gezackten Blätter, spielend flimmern hin und her die lustigen Sonnenstrahlen, die sinnigen Kräutlein erzählen sich grüne Märchen, es ist alles wie verzaubert, es wird immer heimlicher und heimlicher, ein uralter Traum wird lebendig, die Geliebte erscheint – ach, dass sie so schnell wieder verschwindet!

Je höher man den Berg hinaufsteigt, desto kürzer, zwerghafter werden die Tannen, sie scheinen immer mehr und mehr zusammenzuschrumpfen, bis nur Heidelbeer- und Rotbeersträuche und Bergkräuter übrigbleiben. Da wird es auch schon fühlbar kälter. Die wunderlichen Gruppen der Granitblöcke werden hier erst recht sichtbar; diese sind oft von erstaunlicher Größe. Das mögen wohl die Spielbälle sein, die sich die bösen Geister einander zuwerfen in der Walpurgisnacht, wenn hier die Hexen auf Besenstielen und Mistgabeln einhergeritten kommen, und die abenteuerlich verruchte Lust beginnt, wie die glaubhafte Amme es erzählt, und wie es zu schauen ist auf den hübschen Faustbildern des Meister Retzsch. Ja, ein junger Dichter, der auf einer Reise von Berlin nach Göttingen in der ersten Mainacht am Brocken vorbeiritt, bemerkte sogar, wie einige belletristische Damen auf einer Bergecke ihre ästhetische Teegesellschaft hielten, sich gemütlich die »Abendzeitung« vorlasen, ihre poetischen Ziegenböckchen, die meckernd den Teetisch umhüpften, als Universalgenies priesen, und über alle Erscheinungen in der deutschen Literatur ihr Endurteil fällten; doch, als sie auch auf den »Ratcliff« und »Almansor« gerieten, und dem Verfasser alle Frömmigkeit und Christlichkeit absprachen, da sträubte sich das Haar des jungen Mannes, Entsetzen ergriff ihn – ich gab dem Pferde die Sporen und jagte vorüber.

In der Tat, wenn man die obere Hälfte des Brockens besteigt, kann man sich nicht erwehren, an die ergötzlichen Blocksbergsgeschichten zu denken, und besonders an die große, mystische, deutsche Nationaltragödie vom Doktor Faust. Mir war immer, als ob der Pferdefuß neben mir hinaufklettere, und jemand humoristisch Atem schöpfe. Und ich glaube, auch Mephisto muss mit Mühe Atem holen, wenn er seinen Lieblingsberg ersteigt; es ist ein äußerst erschöpfender Weg, und ich war froh, als ich endlich das langersehnte Brockenhaus zu Gesicht bekam.

Dieses Haus, das, wie durch vielfache Abbildungen bekannt ist, bloß aus einem Retz-de-Chaussee besteht und auf der Spitze des Berges liegt, wurde erst 1800 vom Grafen Stolberg-Wernigerode erbaut, für dessen Rechnung es auch, als Wirtshaus, verwaltet wird. Die Mauern sind erstaunlich dick, wegen des Windes und der Kälte im Winter: das Dach ist niedrig, in der Mitte desselben steht eine turmartige Warte, und bei dem Hause liegen noch zwei kleine Nebengebäude, wovon das eine, in früheren Zeiten, den Brockenbesuchern zum Obdach diente.

Der Eintritt in das Brockenhaus erregte bei mir eine etwas ungewöhnliche, märchenhafte Empfindung. Man ist nach einem langen, einsamen Umhersteigen durch Tannen und Klippen plötzlich in ein Wolkenhaus versetzt; Städte, Berge und Wälder blieben unten liegen, und oben findet man eine wunderlich zusammengesetzte, fremde Gesellschaft, von welcher man, wie es an dergleichen Orten natürlich ist, fast wie ein erwarteter Genosse, halb neugierig und halb gleichgültig, empfangen wird. Ich fand das Haus voller Gäste, und wie es einem klugen Manne geziemt, dachte ich schon an die Nacht, an die Unbehaglichkeit eines Strohlagers; mit hinsterbender Stimme verlangte ich gleich

Tee, und der Herr Brockenwirt war vernünftig genug, einzusehen, dass ich kranker Mensch für die Nacht ein ordentliches Bett haben müsse. Dieses verschaffte er mir in einem engen Zimmerchen, wo schon ein junger Kaufmann, ein langes Brechpulver in einem braunen Oberrock, sich etabliert hatte.

In der Wirtsstube fand ich lauter Leben und Bewegung. Studenten von verschiedenen Universitäten. Die einen sind kurz vorher angekommen und restaurieren sich, andere bereiten sich zum Abmarsch, schnüren ihre Ranzen, schreiben ihre Namen ins Gedächtnisbuch, erhalten Brockensträuße von den Hausmädchen: da wird in die Wangen gekniffen, gesungen, gesprungen, gejohlt, man fragt, man antwortet, gut Wetter, Fußweg, Prosit, Adieu. Einige der Abgehenden sind auch etwas angesoffen, und diese haben von der schönen Aussicht einen doppelten Genuss, da ein Betrunkener alles doppelt sieht.

Nachdem ich mich ziemlich rekreiert, bestieg ich die Turmwarte, und fand daselbst einen kleinen Herrn mit zwei Damen, einer jungen und einer ältlichen. Die junge Dame war sehr schön. Eine herrliche Gestalt, auf dem lockigen Haupte ein helmartiger, schwarzer Atlashut, mit dessen weißen Federn die Winde spielten, die schlanken Glieder von einem schwarzseidenen Mantel so fest umschlossen, dass die edlen Formen hervortraten, und das freie, große Auge ruhig hinabschauend in die freie, große Welt.

Als ich noch ein Knabe war, dachte ich an nichts als an Zauber- und Wundergeschichten, und jede schöne Dame, die Straußfedern auf dem Kopfe trug, hielt ich für eine Elfenkönigin, und bemerkte ich gar, dass die Schleppe ihres Kleides nass war, so hielt ich sie für eine Wassernixe. Jetzt denke ich anders, seit ich aus der Naturgeschichte weiß, dass jene symbolischen Federn von dem dümmsten Vogel herkommen, und dass die Schleppe eines Damenkleides auf sehr natürliche Weise nass werden kann. Hätte ich mit jenen Knabenaugen die erwähnte junge Schöne, in erwähnter Stellung, auf dem Brocken gesehen, so würde ich sicher gedacht haben: das ist die Fee des Berges, und sie hat eben den Zauber ausgesprochen, wodurch dort unten alles so wunderbar erscheint. Ja, in hohem Grade wunderbar erscheint uns alles beim ersten Hinabschauen vom Brocken, alle Seiten unseres Geistes empfangen neue Eindrücke, und diese, meistens verschiedenartig, sogar sich widersprechend, verbinden sich in unserer Seele zu einem großen, noch unentworrenen, unverstandenen Gefühl. Gelingt es uns, dieses Gefühl in seinem Begriffe zu erfassen, so erkennen wir den Charakter des Berges. Dieser Charakter ist ganz deutsch, sowohl in Hinsicht seiner Fehler, als auch seiner Vorzüge. Der Brocken ist ein Deutscher. Mit deutscher Gründlichkeit zeigt er uns, klar und deutlich, wie ein Riesenpanorama, die vielen hundert Städte, Städtchen und Dörfer, die meistens nördlich liegen, und ringsum alle Berge, Wälder, Flüsse, Flächen, unendlich weit. Aber eben dadurch erscheint alles wie eine scharfgezeichnete, rein illuminierte Spezialkarte, nirgends wird das Auge durch eigentlich schöne Landschaften erfreut; wie es denn immer geschieht, dass wir deutschen Kompilatoren, wegen der ehrlichen Genauigkeit, womit wir alles und alles hingeben wollen, nie daran denken können, das Einzelne auf eine schöne Weise zu geben. Der Berg hat auch so etwas Deutschruhiges, Verständiges, Tolerantes; eben weil er die Dinge so weit und klar überschauen kann. Und wenn solch ein Berg seine Riesenaugen öffnet, mag er wohl noch etwas mehr sehen, als wir Zwerge, die wir mit unsern blöden Äuglein auf ihm herumklettern. Viele wollen zwar behaupten, der Brocken sei sehr philiströse, und Claudius sang: »Der Blocksberg ist der lange Herr Philister!« Aber das ist Irrtum. Durch seinen Kahlkopf, den er zuweilen mit einer weißen Nebelkappe bedeckt, gibt er sich zwar einen Anstrich von Philiströsität; aber, wie bei manchen andern großen Deutschen, geschieht es aus purer Ironie. Es ist sogar notorisch, dass der Brocken seine burschikosen, phantastischen Zeiten hat, z. B. die erste Mainacht. Dann wirft er seine Nebelkappe jubelnd in die Lüfte, und wird, ebenso gut wie wir übrigen, recht echtdeutsch romantisch verrückt.

George Sand

Ein Winter auf Mallorca

Im November 1838 reist die französische Schriftstellerin George Sand mit ihrer Liebschaft, dem Komponisten Frédéric Chopin, und ihren Kindern nach Mallorca. Von Palma aus überwinden sie die rund 500 Höhenmeter hinauf zum ehemaligen Kartäuserkloster Valldemossa, wo sie sich eingemietet haben. Noch ist alles herrlich, vor allem die Aussicht.

Von Palma nach Valldemossa sind es drei Meilen, aber drei mallorquinische Meilen, für die man auch bei schnellem Tempo nicht unter drei Stunden benötigt. Die ersten zwei Stunden geht es leicht bergan, in der dritten gelangt man in die Berge und folgt einer befestigten Rampe (wahrscheinlich von den Kartäusern angelegt), die sehr eng, schrecklich steil und sehr viel gefährlicher ist als der Rest der Strecke.

Dort wird einem die gebirgige Seite Mallorcas bewusst; doch wenngleich die Berge sich zu beiden Seiten der Schlucht auftürmen und der Gebirgsbach von Fels zu Fels springt, so nimmt dieser Ort nur mitten im Winter die Wildheit an, die die Mallorquiner ihm zusprechen. Im Dezember war der Gebirgsbach trotz der anhaltenden Regenfälle noch ein reizender Bach, der zwischen Grasbüschel und Blumen verläuft, die Berge zeigten sich heiter und das enge Tal von Valldemossa öffnete sich uns wie ein Frühlingsgarten.

Um die Kartause zu erreichen, muss man das letzte Stück zu Fuß gehen, denn kein Wagen kann den gepflasterten Weg dorthin befahren. Der Weg entzückt das Auge durch seinen kühnen Verlauf, seine Windungen zwischen den schönen Bäumen und die wunderschönen Aussichten, die sich bei jedem Schritt offenbaren und die immer schöner werden, je höher man kommt. Nie zuvor habe ich etwas so Heiteres und zugleich Melancholisches gesehen wie diese Landschaften, in denen Steineichen, Johannisbrotbäume, Pinien, Olivenbäume, Pappeln und Zypressen ihre verschiedenen Farbtöne in tiefe Laubengänge vereinen, wahre grüne Abgründe, unter denen der Bach unter Büschen von prächtiger Üppigkeit und unvergleichlicher Anmut hinabeilt. Niemals werde ich die eine Wegbiegung der Schlucht vergessen, wo man, wenn man sich herumdrehte, auf einem Berggipfel eines dieser hübschen arabischen Häuschen sah, die ich beschrieben habe, halb versteckt hinter Feigenkakteen und einer großen Palme, die sich über den Abgrund neigte und ihre Silhouette in den Himmel zeichnete. Wenn ich beim Anblick des Pariser Drecks und Nebels schwermütig werde, schließe ich die Augen und sehe wie in einem Traum diese grüne Bergkette, diese fahlgelben Felsen und diese einsame Palme vor mir, die sich in einen rosafarbenen Himmel verlieren.

Die Gebirgskette von Valldemossa erhebt sich von einer engen Hochebene zur anderen bis zu einer Art Trichter, der von hohen Bergen umgeben ist und gen Norden hin von einem Berghang einer letzten Hochebene begrenzt wird, an dessen Fuß das Kloster liegt. Die Kartäuser haben mit gewaltigem Einsatz die

Herbheit dieses romantischen Ortes gemildert. Sie machten aus dem kleinen Tal am Ende der Bergkette einen weitläufigen Garten, dessen Mauer den Blick nicht beeinträchtigt. Eine Einfassung aus pyramidenförmigen Zypressen, die in Zweierreihen auf den verschiedenen Ebenen angeordnet sind, wirken wie ein Friedhof aus einer Operninszenierung.

Dieser Garten voller Palmen und Mandelbäume nimmt den gesamten hinteren, abschüssigen Teil des Tals ein und erstreckt sich in großen Terrassen bis zu den ersten Erhebungen der Berge hinauf. Bei Mondschein, wenn sich die Unebenheiten der Terrassen im Schatten verlieren, kommt er einem vor wie ein Amphitheater, das für Kämpfe zwischen Riesen gebaut wurde. In der Mitte des Gartens steht unter einer Gruppe schöner Palmen ein Steinbrunnen mit Quellwasser aus den Bergen, das über steinerne Kanäle auf die unteren Ebenen verteilt wird, ganz ähnlich dem System, das die Umgebung von Barcelona mit Wasser versorgt. Diese Anlagen, gleich ob auf Mallorca oder in Katalonien, sind so beachtlich und geschickt gebaut, dass sie ein Werk der Mauren sein müssen. Sie durchlaufen das gesamte Innere der Insel, und die Kanäle, die vom Garten der Kartäuser aus am Bett des Gebirgsbachs entlang verlaufen, bringen das ganze Jahr frisches Quellwasser nach Palma.

Die auf der letzten Hochebene dieser Berge gelegene Kartause öffnet sich gen Norden zu einem weiten Tal hin, das sich in einem sanften Gefälle bis zur Steilküste hinzieht, die dort vom Meer umtost und ausgespült wird. Einer der Gebirgsarme weist nach Spanien, der andere zum Orient. Von dieser malerischen

Kartause aus hat man also Sicht nach beiden Seiten. Während man es im Norden rauschen hört, sieht man das Meer im Süden jenseits der abfallenden Berge und der weiten Ebene als eine schwach glänzende Linie, ein erhabenes Bild, das im Vordergrund von tannenbewachsenen schwarzen Felsen gerahmt wird, im mittleren Teil von schroffen Bergen, gesäumt von prächtigen Bäumen, und im Hintergrund von runden Bergkuppen, die die untergehende Sonne in wärmste Goldtöne taucht. Auf den Bergrücken erkennt das Auge noch in einer Meile Entfernung die zarte Silhouette der Bäume, fein wie Schmetterlingsfühler, schwarz und klar wie ein Zeichenstrich chinesischer Tinte auf einem goldfunkelnden Grund. Dieser leuchtende Grund, das ist die Ebene, und auf diese Entfernung, wenn der Nebel von den Bergen sich ausbreitet und einen durchsichtigen Schleier über das Tal legt, glaubt man, es sei schon das Meer. Aber das Meer ist noch weit weg, und wenn die Sonne wieder aufgeht und die Ebene wie ein blauer See erscheint, bildet das Mittelmeer einen glänzend-feinen Silberstreif als Abschluss dieses fantastischen Anblicks.

Das ist einer dieser überwältigenden Ausblicke, die keine Wünsche mehr offen lassen und die alle Vorstellungen erfüllen. Alles, was Dichter und Maler erträumen können, hat die Natur an diesem Ort geschaffen. Ein gewaltiges Ganzes, unendliche Details, eine unerschöpfliche Vielfalt, unklare Formen, scharfe Konturen, unbestimmbare Tiefen, es ist alles da und die Kunst vermag dem nichts mehr hinzuzufügen. Nicht immer erfasst und versteht der menschliche Geist, was Gott erschaffen hat, und wenn er sich auf sich selbst besinnt, wird er seine Unzulänglichkeit spüren, dieser ihn fesselnden und berauschenden Unermesslichkeit des Lebens Ausdruck zu verleihen. Ich rate allen, die von der Eitelkeit der Kunst verzehrt werden, sich solche Orte wieder und wieder anzuschauen. Mir scheint, sie könnten für die göttliche Kunst, die die ewige Schöpfung der Dinge leitet, einen gewissen Respekt entwickeln, der ihnen offensichtlich fehlt, wenn ich mir ihre schwülstigen Werke anschaue.

Was mich angeht, so habe ich niemals stärker die Nichtigkeit von Worten verspürt als in diesen Stunden der Kontemplation in der Kartause. Religiöse Anwandlungen überkamen mich, aber ich fand letztlich keine besseren Worte für meine Begeisterung als diese: »Lieber Gott, gepriesen seist du, dass du mir so gute Augen gegeben hast!«

Im Übrigen glaube ich, dass es erfrischend und heilsam ist, gelegentlich in den Genuss dieses überwältigenden Schauspiels zu kommen, aber gefährlich, dauerhaft über ihn verfügen zu können. Man gewöhnt sich an die Wirkung außergewöhnlicher Gefühle, und das Gesetz, das über allen Missbrauch von Gefühlen herrscht, ist die Abstumpfung. So lässt sich die allgemeine Gleichgültigkeit der Mönche gegenüber der Poesie ihrer Klöster und die der Bauern und Hirten gegenüber der Schönheit ihrer Berge erklären.

Wir hatten nicht die Zeit, der Dinge überdrüssig zu werden, denn der Nebel senkte sich jeden Abend bei Sonnenuntergang und verkürzte die kurzen Tage noch mehr, die wir in diesem Kessel hatten. Bis Mittag waren wir in den Schatten des großen Bergs links von uns getaucht, und ab drei Uhr gerieten wir schon in den des Berges zur Rechten. Aber welch wunderschöne Lichteffekte konnten wir dort beobachten, wenn die schrägen Strahlen durch die Felsspalten drangen oder zwischen den Bergkuppen hindurchglitten und uns goldene oder purpurrote Linien in den Hintergrund zeichneten. Manchmal tauchten unsere Zypressen, schwarze Obelisken, die als Kontrast im Bildhintergrund dienten, ihre Wipfel in diese feurige Glut, die Dattelbüschel unserer Palmen leuchteten wie rubinrote Weintrauben, und eine lange Schattenlinie schnitt das Tal in zwei Teile: die eine schien überflutet von der Helligkeit des Sommers, die andere bläulich und kalt wie eine Winterlandschaft.

Adalbert Stifter

Bergkristall

Ein Dörflein und ein Schneeberg stehen am Anfang dieser Erzählung von der Errettung zweier verirrter Kinder am Weihnachtstag. Bevor die Handlung einsetzt, widmet sich Stifter mit viel Liebe zum Detail der Bergwelt als Natur- und Lebensraum.

In den hohen Gebirgen unsers Vaterlandes steht ein Dörfchen mit einem kleinen, aber sehr spitzigen Kirchturme, der mit seiner roten Farbe, mit welcher die Schindeln bemalt sind, aus dem Grün vieler Obstbäume hervorragt und wegen derselben roten Farbe in dem duftigen und blauen Dämmern der Berge weithin ersichtlich ist. Das Dörfchen liegt gerade mitten in einem ziemlich weiten Tale, das fast wie ein länglicher Kreis gestaltet ist. Es enthält außer der Kirche eine Schule, ein Gemeindehaus und noch mehrere stattliche Häuser, die einen Platz gestalten, auf welchem vier Linden stehen, die ein steinernes Kreuz in ihrer Mitte haben. Diese Häuser sind nicht bloße Landwirtschaftshäuser, sondern sie bergen auch noch diejenigen Handwerke in ihrem Schoße, die dem menschlichen Geschlechte unentbehrlich sind und die bestimmt sind, den Gebirgsbewohnern ihren einzigen Bedarf an Kunsterzeugnissen zu decken. Im Tale und an den Bergen herum sind noch sehr viele zerstreute Hütten, wie das in Gebirgsgegenden sehr oft der Fall ist, welche alle nicht nur zur Kirche und Schule gehören, sondern auch jenen

Handwerken, von denen gesprochen wurde, durch Abnahme der Erzeugnisse ihren Zoll entrichten. Es gehören sogar noch weitere Hütten zu dem Dörfchen, die man von dem Tale aus gar nicht sehen kann, die noch tiefer in den Gebirgen stecken, deren Bewohner selten zu ihren Gemeindemitbrüdern herauskommen, und die im Winter oft ihre Toten aufbewahren müssen, um sie nach dem Wegschmelzen des Schnees zum Begräbnisse bringen zu können. Der größte Herr, den die Dörfler im Laufe des Jahres zu sehen bekommen, ist der Pfarrer. Sie verehren ihn sehr, und es geschieht gewöhnlich, dass derselbe durch längeren Aufenthalt im Dörfchen ein der Einsamkeit gewöhnter Mann wird, dass er nicht ungerne bleibt und einfach fortlebt. Wenigstens hat man seit Menschengedenken nicht erlebt, dass der Pfarrer des Dörfchens ein auswärtssüchtiger oder seines Standes unwürdiger Mann gewesen wäre.

Es gehen keine Straßen durch das Tal, sie haben ihre zweigleisigen Wege, auf denen sie ihre Felderzeugnisse mit einspännigen Wäglein nach Hause bringen, es kommen daher wenig Menschen in das Tal, unter diesen manchmal ein einsamer Fußreisender, der ein Liebhaber der Natur ist, eine Weile in der bemalten Oberstube des Wirtes wohnt und die Berge betrachtet, oder gar ein Maler, der den kleinen, spitzen Kirchturm und die schönen Gipfel der Felsen in seine Mappe zeichnet. Daher bilden die Bewohner eine eigene Welt, sie kennen einander alle mit Namen und mit den einzelnen Geschichten von Großvater und Urgroßvater her, trauern alle, wenn einer stirbt, wissen, wie er heißt, wenn einer geboren wird, haben eine Sprache, die von der

der Ebene draußen abweicht, haben ihre Streitigkeiten, die sie schlichten, stehen einander bei und laufen zusammen, wenn sich etwas Außerordentliches begibt.

Sie sind sehr stetig, und es bleibt immer beim Alten. Wenn ein Stein aus einer Mauer fällt, wird derselbe wieder hineingesetzt, die neuen Häuser werden wie die alten gebaut, die schadhaften Dächer werden mit gleichen Schindeln ausgebessert, und wenn in einem Hause scheckige Kühe sind, so werden immer solche Kälber aufgezogen, und die Farbe bleibt bei dem Hause.

Gegen Mittag sieht man von dem Dorfe einen Schneeberg, der mit seinen glänzenden Hörnern fast oberhalb der Hausdächer zu sein scheint, aber in der Tat doch nicht so nahe ist. Er sieht das ganze Jahr, Sommer und Winter, mit seinen vorstehenden Felsen und mit seinen weißen Flächen in das Tal herab. Als das Auffallendste, was sie in ihrer Umgebung haben, ist der Berg der Gegenstand der Betrachtung der Bewohner, und er ist der Mittelpunkt vieler Geschichten geworden. Es lebt kein Mann und Greis in dem Dorfe, der nicht von den Zacken und Spitzen des Berges, von seinen Eisspalten und Höhlen, von seinen Wässern und Geröllströmen etwas zu erzählen wüsste, was er entweder selbst erfahren oder von andern erzählen gehört hat. Dieser Berg ist auch der Stolz des Dorfes, als hätten sie ihn selber gemacht, und es ist nicht so ganz entschieden, wenn man auch die Biederkeit und Wahrheitsliebe der Talbewohner hoch anschlägt, ob sie nicht zuweilen zur Ehre und zum Ruhme des Berges lügen. Der Berg gibt den Bewohnern außer dem, dass er ihre Merkwürdigkeit ist, auch wirklichen Nutzen; denn wenn eine Gesellschaft von Gebirgsreisenden hereinkommt, um von dem Tale aus den Berg zu besteigen, so dienen die Bewohner des Dorfes als Führer, und einmal Führer gewesen zu sein, dieses und jenes erlebt zu haben, diese und jene Stelle zu kennen, ist eine Auszeichnung, die jeder gerne von sich darlegt. Sie reden oft davon, wenn sie in der Wirtsstube beieinandersitzen, und erzählen ihre Wagnisse und ihre wunderbaren Erfahrungen und versäumen aber auch nie zu sagen, was dieser oder jener Reisende gesprochen habe und was sie von ihm als Lohn für ihre Bemühungen empfangen hätten. Dann sendet der Berg von seinen Schneeflächen die Wasser ab, welche einen See in seinen Hochwäldern speisen und den Bach erzeugen, der lustig durch das Tal strömt, die Brettersäge, die Mahlmühle und andere kleine Werke treibt, das Dorf reinigt und das Vieh tränkt. Von den Wäldern des Berges kommt das Holz, und sie halten die Lawinen auf. Durch die innern Gänge und Lockerheiten der Höhen sinken die Wasser durch, die dann in Adern durch das Tal gehen und in Brünnlein und Quellen hervorkommen, daraus die Menschen trinken und ihr herrliches, oft belobtes Wasser dem Fremden reichen. Allein an letzteren Nutzen denken sie nicht und meinen, das sei immer so gewesen.

Wenn man auf die Jahresgeschichte des Berges sieht, so sind im Winter die zwei Zacken seines Gipfels, die sie Hörner heißen, schneeweiß und stehen, wenn sie an hellen Tagen sichtbar sind, blendend in der finstern Bläue der Luft; alle Bergfelder, die um diese Gipfel herumlagern, sind dann weiß; alle Abhänge sind so; selbst die steilrechten Wände, die die Bewohner Mauern heißen, sind mit einem angeflogenen weißen Reife bedeckt und mit zartem Eise wie mit einem Firnisse belegt, sodass die ganze Masse wie ein Zauberpalast aus dem bereiften Grau der Wälderlast emporragt, welche schwer um ihre Füße herum ausgebreitet ist. Im Sommer, wo Sonne und warmer Wind den Schnee von den Steilseiten wegnimmt, ragen die Hörner nach dem Ausdrucke der Bewohner schwarz in den Himmel und haben nur schöne weiße Äderchen und Sprenkeln auf ihrem Rücken, in der Tat aber sind sie zart fernblau, und was sie Äderchen und Sprenkeln heißen, das ist nicht weiß, sondern hat das schöne Milchblau des fernen Schnees gegen das dunklere der Felsen. Die Bergfelder um die Hörner aber verlieren, wenn es recht heiß ist, an ihren höheren Teilen wohl den Firn nicht, der gerade dann recht weiß auf das Grün der Talbäume herabsieht, aber es weicht von ihren unteren Teilen der Winterschnee, der nur einen Flaum machte, und es wird das unbestimmte Schillern von Bläulich und Grünlich sichtbar, das das Geschiebe von Eis ist, das dann bloßliegt und auf die Bewohner unten hinabgrüßt. Am Rande dieses Schillerns, wo es von ferne wie ein Saum von Edelsteinsplittern aussieht, ist es in der Nähe ein Gemenge wilder, riesenhafter Blöcke, Platten und Trümmer, die sich drängen und verwirrt ineinandergeschoben sind. Wenn ein Sommer gar heiß und lang ist, werden die Eisfelder weit hinauf entblößt, und dann schaut eine viel größere Fläche von Grün und Blau in das Tal, manche Kuppen und Räume werden entkleidet, die man sonst nur weiß erblickt hatte, der schmutzige Saum des Eises wird sichtbar, wo es Felsen, Erde und Schlamm schiebt, und viel reichlichere Wasser als sonst fließen in das Tal. Dies geht fort, bis es nach und nach wieder Herbst wird, das Wasser sich verringert, zu einer Zeit einmal ein grauer Landregen die ganze Ebene des Tales bedeckt, worauf, wenn sich die Nebel von den Höhen wieder lösen, der Berg seine weiche Hülle abermals umgetan hat, und alle Felsen, Kegel und Zacken in weißem Kleide dastehen. So spinnt es sich ein Jahr um das andere mit geringen Abwechslungen ab und wird sich fortspinnen, solange die Natur so bleibt und auf den Bergen Schnee und in den Tälern Menschen sind. Die Bewohner des Tales heißen die geringen Veränderungen große, bemerken sie wohl und berechnen an ihnen den Fortschritt des Jahres. Sie bezeichnen an den Entblößungen die Hitze und die Ausnahmen der Sommer.

Was nun noch die Besteigung des Berges betrifft, so geschieht dieselbe von dem Tale aus. Man geht nach der Mittagsrichtung zu auf einem guten, schönen Wege, der über einen sogenannten Hals in ein anderes Tal führt. Hals heißen sie einen mäßig hohen Bergrücken, der zwei größere und bedeutendere Gebirge miteinander verbindet und über den man zwischen den Gebirgen von einem Tale in ein anderes gelangen kann. Auf dem Halse, der den Schneeberg mit einem gegenüberliegenden großen Gebirgszuge verbindet, ist lauter Tannenwald. Etwa auf der größten Erhöhung desselben, wo nach und nach sich der Weg in das jenseitige Tal hinabzusenken beginnt, steht eine sogenannte Unglücksäule. Es ist einmal ein Bäcker, welcher Brot in seinem Korbe über den Hals trug, an jener Stelle tot gefunden worden. Man hat den toten Bäcker mit dem Korbe und mit den umringenden Tannenbäumen auf ein Bild gemalt, darunter eine Erklärung und eine

Bitte um ein Gebet geschrieben, das Bild auf eine rot angestrichene hölzerne Säule getan und die Säule an der Stelle des Unglückes aufgerichtet. Bei dieser Säule biegt man von dem Wege ab und geht auf der Länge des Halses fort, statt über seine Breite in das jenseitige Tal hinüberzuwandern. Die Tannen bilden dort einen Durchlass, als ob eine Straße zwischen ihnen hinginge. Es führt auch manchmal ein Weg in dieser Richtung hin, der dazu dient, das Holz von den höheren Gegenden zu der Unglücksäule herabzubringen, der aber dann wieder mit Gras verwächst. Wenn man auf diesem Wege fortgeht, der sachte berganführt, so gelangt man endlich auf eine freie, von Bäumen entblößte Stelle. Dieselbe ist dürrer Heideboden, hat nicht einmal einen Strauch, sondern ist mit schwachem Heidekraute, mit trockenen Moosen und mit Dürrbodenpflanzen bewachsen. Die Stelle wird immer steiler, und man geht lange hinan; man geht aber immer in einer Rinne gleichsam wie in einem ausgerundeten Graben hinan, was den Nutzen hat, dass man auf der großen, baumlosen und überall gleichen Stelle nicht leicht irren kann. Nach einer Zeit erscheinen Felsen, die wie Kirchen gerade aus dem Grasboden aufsteigen und zwischen deren Mauern man längere Zeit hinangehen kann. Dann erscheinen wieder kahle, fast pflanzenlose Rücken, die bereits in die Lufträume der höhern Gegenden ragen und gerade zu dem Eise führen. Zu beiden Seiten dieses Weges sind steile Wände, und durch diesen Damm hängt der Schneeberg mit dem Halse zusammen. Um das Eis zu überwinden, geht man eine geraume Zeit an der Grenze desselben, wo es von den Felsen umstanden ist, dahin, bis man zu dem ältern Firn gelangt, der die

Eisspalten überbaut und in den meisten Zeiten des Jahres den Wanderer trägt. An der höchsten Stelle des Firns erheben sich die zwei Hörner aus dem Schnee, wovon eines das höhere, mithin die Spitze des Berges ist. Diese Kuppen sind sehr schwer zu erklimmen; da sie mit einem oft breiteren, oft engeren Schneegraben – dem Firnschrunde – umgeben sind, der übersprungen werden muss, und da ihre steilrechten Wände nur kleine Absätze haben, in welche der Fuß eingesetzt werden muss, so begnügen sich die meisten Besteiger des Berges damit, bis zu dem Firnschrunde gelangt zu sein und dort die Rundsicht, soweit sie nicht durch das Horn verdeckt ist, zu genießen. Die den Gipfel besteigen wollen, müssen dies mit Hilfe von Steigeisen, Stricken und Klammern tun.

Außer diesem Berge stehen an derselben Mittagseite noch andere, aber keiner ist so hoch, wenn sie sich auch früh im Herbste mit Schnee bedecken und ihn bis tief in den Frühling hinein behalten. Der Sommer aber nimmt denselben immer weg, und die Felsen glänzen freundlich im Sonnenscheine, und die tiefer gelegenen Wälder zeigen ihr sanftes Grün von breiten, blauen Schatten durchschnitten, die so schön sind, dass man sich in seinem Leben nicht satt daran sehen kann.

An den andern Seiten des Tales, nämlich von Mitternacht, Morgen und Abend her, sind die Berge langgestreckt und niederer, manche Felder und Wiesen steigen ziemlich hoch hinauf, und oberhalb ihrer sieht man verschiedene Waldblößen, Alpenhütten und dergleichen, bis sie an ihrem Rande mit feingezacktem Walde am Himmel hingehen, welche Auszackung eben ihre geringe Höhe anzeigt, während die mittäglichen Berge, obwohl sie noch großartigere Wälder hegen, doch mit einem ganz glatten Rande an dem glänzenden Himmel hinstreichen.

Wenn man so ziemlich mitten in dem Tale steht, so hat man die Empfindung, als ginge nirgends ein Weg in dieses Becken herein und keiner daraus hinaus; alle diejenigen, welche öfter im Gebirge gewesen sind, kennen diese Täuschung gar wohl; in der Tat führen nicht nur verschiedene Wege und darunter sogar manche durch die Verschiebungen der Berge fast auf ebenem Boden in die nördlichen Flächen hinaus, sondern gegen Mittag, wo das Tal durch steilrechte Mauern fast geschlossen scheint, geht sogar ein Weg über den obbenannten Hals.

Das Dörflein heißt Gschaid, und der Schneeberg, der auf seine Häuser herabschaut, heißt Gars.

Conrad Ferdinand Meyer

Das weisse Spitzchen

Ein blendendes Spitzchen blickt über den Wald,
Das ruft mich, das zieht mich, das tut mir Gewalt:

»Was schaffst du noch unten im Menschengewühl?
Hier oben ist's einsam! Hier oben ist's kühl!

Der See mir zu Füßen hat heut sich enteist,
Er kräuselt sich, flutet, er wandert, er reist,

Die Moosbank des Felsens ist dir schon bereit,
Von ihr ist's zum ewigen Schnee nicht mehr weit!«

Das Spitzchen, es ruft mich, sobald ich erwacht,
Am Mittag, am Abend, im Traum noch der Nacht.

So komm ich denn morgen! Nun lass mich in Ruh!
Erst schließ ich die Bücher, die Schreine noch zu.

Leis wandelt in Lüften ein Herdegeläut:
»Lass offen die Truhen! Komm lieber noch heut.«

Conrad Ferdinand Meyer

Die Felswand

Feindselig, wildzerrissen steigt die Felswand.
Das Auge schrickt zurück. Dann irrt es unstet
Daran herum. Bang sucht es, wo es hafte.
Dort! über einem Abgrund schwebt ein Brücklein
Wie Spinnweb. Höher um die scharfe Kante
Sind Stapfen eingehaun, ein Wegesbruchstück!
Fast oben ragt ein Tor mit blauer Füllung:
Dort klimmt ein Wanderer zu Licht und Höhe!
Das Aug verbindet Stiege, Stapfen, Stufen.
Es sucht. Es hat den ganzen Pfad gefunden
Und gastlich, siehe, wird die steile Felswand.

Ludwig Uhland

Des Knaben Berglied

Ich bin vom Berg der Hirtenknab',
Seh' auf die Schlösser all herab;
Die Sonne strahlt am ersten hier,
Am längsten weilet sie bei mir;
Ich bin der Knab' vom Berge.

Hier ist des Stromes Mutterhaus,
Ich trink' ihn frisch vom Stein heraus;
Er braust vom Fels in wildem Lauf,
Ich fang' ihn mit den Armen auf;
Ich bin der Knab' vom Berge.

Der Berg, der ist mein Eigentum,
Da ziehn die Stürme ringsherum;
Und heulen sie von Nord und Süd,
So überschallt sie doch mein Lied:
»Ich bin der Knab' vom Berge.«

Sind Blitz und Donner unter mir,
So steh' ich hoch im Blauen hier;
Ich kenne sie und rufe zu:
»Lasst meines Vaters Haus in Ruh'!«
Ich bin der Knab' vom Berge.

Und wann die Sturmglock' einst erschallt,
Manch Feuer auf den Bergen wallt,
Dann steig' ich nieder, tret' ins Glied
Und schwing' mein Schwert und sing' mein Lied:
»Ich bin der Knab' vom Berge.«

Feodor Löwe

Auf dem Gipfel eines Berges

Auf dem Gipfel eines Berges
Stand ich frei im Sonnenstrahl.
Voll Entzücken rief ich jauchzend
Deinen Namen in das Tal.

Und die Schläferin im Felsen,
Echo, wurde davon wach,
Rief von Kluft zu Kluft lautklagend
Deinen holden Namen nach.

Und im Tal die grünen Bäume
Hatten froh ihr Haupt bewegt,
Blüten in die Luft hinstreuend,
Die so süßen Namen trägt.

Karl Rudolf Hagenbach

Nach den Bergen

Nach den Bergen lass mich schauen,
Wo mit Schatten spielt das Licht,
Wo das Grüne sich am Blauen,
Sich das Blau am Grünen bricht;
Wo in leisen Übergängen
Hohes sich zum Tiefen neigt,
Über sanften Waldabhängen
Blütenduft gen Himmel steigt.

Nach den Bergen lass mich gehen,
Wo sich schwellend hebt das Grün,
Wo die Lüfte reiner wehen,
Wo die Alpenkräuter blühn;
Wo der Abend länger dämmert,
Früh erglüht der Morgen schon,
Wo kein andrer Hammer hämmert,
Als der Herden Glockenton.

Nach den Bergen lass mich fliehen
Aus der engen, flachen Welt;
Da nur ist mir noch verliehen,
Mensch zu sein, wie's mir gefällt!
Nach den Bergen lass mich eilen,
Zu den Bergen zieht's mich hin,
Auf den Bergen lass mich weilen,
Wo ich freier, froher bin.

Anastasius Grün

Der treue Gefährte

Ich hatt' einst einen Genossen treu,
Wo ich war, war er auch dabei;
Blieb ich daheim, ging er auch nicht aus,
Und ging ich fort, blieb er nicht zu Haus.

Er trank aus *einem* Glas mit mir,
Er schlief in *einem* Bett mit mir,
Wir trugen die Kleider nach *einem* Schnitt,
Ja selbst zum Liebchen nahm ich ihn mit.

Und als mich's jüngst zu den Bergen zog,
Und Stab und Bündel im Arm ich wog,
Da sprach der treue Geselle gleich:
Mit Gunsten, Freund, ich geh' mit Euch!

Wir wallten still hinaus zum Tor,
Die Bäume streben frisch empor,
Die Lüfte bringen uns warmen Gruß,
Da schüttelt der Freund den Kopf mit Verdruss.

Im Äther jauchzt ein Lerchenchor,
Da hält er zugepresst sein Ohr;
Süß duftet dort das Rosengesträuch,
Da wird er schwindlig und totenbleich.

Und als wir stiegen den Berg hinan,
Verlor den Atem der arme Mann;
Ich wallt' empor mit leuchtendem Blick,
Doch er blieb keuchend unten zurück.

Ich aber stand jauchzend ganz allein
Am Bergesgipfel im Sonnenschein!
Rings grüne Triften und Blumenduft!
Rings wirbelnde Lerchen und Bergesluft!

Und als ich wieder zu Tal gewallt,
Da stieß ich auf eine Leiche bald:
O weh, er ist's! Tot liegt er hier,
Der einst der treuste Gefährte mir!

Da ließ ich graben ein tiefes Grab
Und senkte die Leiche still hinab,
Drauf setzt' ich einen Leichenstein
Und grub die Wort' als Inschrift drein:

»Hier ruht mein treuster Genoss' im Land,
Herr Hypochonder zubenannt;
Er starb an frischer Bergesluft,
An Lerchenschlag und Rosenduft!

Sonst wünsch' ich ihm alles Glück und Heil,
Die ewige Ruh' werd' ihm zuteil,
Nur wahr' mich Gott vorm Wiedersehn
Und seinem fröhlichen Auferstehn!«

Nikolaus Lenau

Die Sennin

Schöne Sennin, noch einmal
Singe deinen Ruf ins Tal,
Dass die frohe Felsensprache
Deinem hellen Ruf erwache.

Horch, o Mädchen, wie dein Sang
In die Brust den Bergen drang,
Wie dein Wort die Felsenseelen
Freudig fort und fort erzählen!

Aber einst, wie alles flieht,
Scheidest du mit deinem Lied,
Wenn dich Liebe fortbewogen
Oder dich der Tod entzogen.

Und verlassen werden stehn,
Traurig stumm herübersehn
Dort die grauen Felsenzinnen
Und auf deine Lieder sinnen.

Friedrich Theodor Vischer

Im Hochgebirg

Steig', o Seele, mit diesen
Trutzigen Urweltriesen!
Recke dich!
Strecke dich! –
Wie ihr entschlossen
Seid emporgeschossen,
Das Steinherz in der Brust,
Das zu sehen ist Lust.
Ihr seid nicht höflich und fein,
Ihr lüget nicht, weich zu sein,
Euch macht nicht Sorge und Rücksicht bang,
Ihr bücket euch nicht, ihr fraget nicht lang,
Die Losung heißt: Durch! die Losung heißt: Kraft!
So habt ihr euch Platz in der Welt verschafft. –
Es wird Nacht.
Fort ist die Farbenpracht.
Finster und schwer
Steh'n sie umher,
Schwarzblau mit düsteren Stirnen;
Selbst die weißen Firnen
Leuchten nicht mehr.

Aber o sieh, schau' empor!
Ein Haupt ragt vor
Über alle und taucht
In des Lichtquells letzten fliehenden Schein
Den Scheitel ein,
Zart milchweiß und rosig angehaucht.

Justinus Kerner

Alphorn

Ein Alphorn hör' ich schallen,
Das mich von hinnen ruft,
Tönt es aus wald'gen Hallen?
Tönt es aus blauer Luft?
Tönt es von Bergeshöhe,
Aus blumenreichem Tal?
Wo ich nur steh' und gehe,
Hör' ich's in süßer Qual.

Bei Spiel und frohem Reigen,
Einsam mit mir allein,
Tönt's, ohne je zu schweigen,
Tönt tief ins Herz hinein.
Noch nie hab' ich gefunden
Den Ort, woher es schallt,
Und nimmer wird gesunden
Dies Herz, bis es verhallt.

Karl Stieler

Bergfrühling

Hoch auf der stillen Alpenhalde
Weht weicher, feiner Sonnenduft;
Noch liegt der Schnee zu tiefst im Walde,
Doch ums Gehäng' haucht Frühlingsluft.

Und zages Grün lugt aus den Ritzen
Der Felsenwand im Morgenschein!
Wie blaut es um die Bergesspitzen,
Wie träufelt's leise im Gestein!

Da schauern die verschlaf'nen Tannen –
Das weht und webt, das quillt und taut!
Ein Vogel lockt und huscht von dannen,
Erschreckt vom eig'nen süßen Laut.

Und wie vom Traum wacht nun die Fülle
Des Blühens auf und wonnig bebt
Durch die Natur, die schlummerstille,
Der Freudengruß: Sie lebt, sie lebt!

Josefine von Knorr

Der Alpensee

Eingeschlossen rings von Höhen,
Nahe schon dem ew'gen Schnee
Wo die letzten Tannen stehen,
Liegt der stille Alpensee.

Dunkelgrün wie Felsenmoose,
Wie der Tau der Berge rein,
Und die sanfte Alpenrose
Blicket träumerisch hinein.

Nie hat ihn ein Kahn durchzogen;
Fern blieb ihm der Menschen Spur –
Er gehört mit seinen Wogen
Nur der einsamen Natur.

Niemals noch hat seine Welle
Einen andern Schlag verspürt
Als vom Flügel der Libelle,
Die der Zufall hergeführt.

Feuerfarbne Fische tauchen
Auf und nieder, leis und stumm,
Und die Winde frisch umhauchen
Das kristallne Heiligtum.

Sorglos springt die Gämse nieder,
Eilt zur kühlen Tränke her,
Und der Aar netzt sein Gefieder
In der Flut, die frei, wie er!

Adolf Pichler

Ararat

Einer Taube schneller Flügel
Kann zum Orteles dich tragen,
Und mit meinen schweren Bergschuh'n
Will ich auch die Tour noch wagen.
»Warum in die Ferne schweifen
Wo das Schöne nah zu finden?
Sieh den Schlern, wie seinen Scheitel
Alpenrosen schon umwinden!«

Maria Janitschek

Am Gipfel

Frei ist die Aussicht! Fahle Morgennebel
hat flammend fortgeküsst des Mittags Mund;
vor meinen Blicken glänzen goldne Tale,
und tun mir ihre letzten Rätsel kund.

Frei ist die Aussicht! Drüben flattern Kränze
um weiße Marmorurnen … hier, voll Lust,
verheißungsvoll die roten Lippen regend,
beut mir das Leben seine volle Brust.

Ich aber recke meine Arme aus:
in meinen rechten fass ich euch, ihr Toten,
in meinen linken dich, oh quellend Leben! …

Elisabeth (›Sisi‹) von Österreich

Gosaumühle

Göttlich ruht die Mondesnacht
Auf den hohen, stillen Bergen,
Starr in ihrer Felsenpracht
Scheinen sie gleich Riesensärgen.

Unten tief im dunkeln Tal
Liegt der Alpensee gebreitet,
Wo des Mondes Silberstrahl
Kaum noch auf den Wassern gleitet.

Regungslos ist die Natur,
Selbst der Nachtwind scheint entschlafen;
Aus dem Schweizerhäuschen nur
Klingt's wie Klirren von Karaffen.

Dorten überm stillen See
Auf der breiten Holzaltane
Schwärmen wir bei dem Kaffee
Und der besten süßen Sahne!

Alphonse Daudet

Tartarin in den Alpen

Tartarin, ein so prahlerischer wie naiver, korpulenter und doch ambitionierter Bergtourist aus dem Provence-Städtchen Tarascon, lässt sich von einem gewissen Bompard das Geschäftsmodell Schweiz erklären. Nur dass dieser Mann an einer »fabelhaften Einbildungskraft« leidet, »die es ihm unmöglich machte, ein wahres Wort zu sagen«.

Die Nacht brach herein. Ein lauer, trockener Wind jagte schwarze Wolken über den Himmel. Sie gingen auf halber Berghöhe in der Richtung nach Flüelen, die stummen Schatten hungriger Touristen kreuzend, die ins Hotel zurückkehrten. Sie selber glichen Schatten, sie sprachen kein Wort, bis sie an den langen Tunnel kamen, der nach der Seeseite zu mit Lichtöffnungen versehen ist.

– Halten wir hier still …, rief Bompard mit hohler Stimme, die unter dem Tunnelgewölbe wie ein Kanonenschuss dröhnte. Sie ließen sich an der Brustwehr der Straße nieder und genossen die wunderbare Aussicht auf den See, vor sich den steil abfallenden dunklen Tannen- und Buchenwald, hinter sich höhere Berge mit unbestimmt umrissenen Gipfeln, dahinten noch höhere, in wirrem, wolkenähnlichem Blaugrau; in der Mitte der weiße, kaum sichtbare Streifen des aus einer tiefen Senkung hervorblickenden Gletschers, der plötzlich in blauem, gelbem, rotem, grünem Lichte schimmerte. Der Berg wurde mit bengalischem Feuer erleuchtet.

Von Flüelen stiegen Raketen auf und streuten vielfarbige Sterne aus. Venezianische Lichter bewegten sich auf dem See, während die Schiffe unsichtbar blieben, welche mit Musik die festlichen Gäste auf und ab fuhren.

Eine märchenhafte Theaterdekoration in dem Rahmen der schwarzen, geraden und kalten Tunnelmauern.

– Welch sonderbares Land, diese Schweiz …, rief Tartarin.

Bompard lachte still vor sich hin:

– O ja, die Schweiz … Fürs Erste gibt es gar keine Schweiz! Die Schweiz, Herr Tartarin, ist gegenwärtig nur noch ein großer vom Juni bis zum Oktober geöffneter Kursaal, ein Casino-Panorama, wohin man aus allen vier Himmelsrichtungen zu seiner Zerstreuung sich begibt und das von einer ungeheuer reichen Compagnie mit hundert Millionen Milliarden ausgebeutet wird, die ihren Sitz in Genf und London hat. Ein wahres Heidengeld hat es natürlich gebraucht, um dieses ganze Gebiet, Seen, Wälder, Berge und Wasserfälle zu pachten, sauber auszuputzen und zu schmücken, um ein ganzes Volk von Angestellten und Statisten zu besolden und auf schwindelnder Höhe glänzende Hotels mit Gas, Telegraph, Telephon zu erbauen …

– Das ist wirklich wahr, dachte Tartarin ganz laut; er erinnerte sich der Rigi.

– Na, ob! … Aber Sie haben noch gar nichts gesehen … Gehen Sie etwas weiter ins Land hinein, Sie finden da nicht einen Winkel, der nicht wie die Versenkungsräume des Opernhauses seine Kniffe und Maschinen-Geheimnisse hätte: Wasserfälle *a giorno* beleuchtet, Drehkreuze am Eingang zu den Gletschern, und bis auf die höchsten Gipfel eine Menge hydraulischer oder Zahnradbahnen. Immerhin, aus Rücksicht für die englische und amerikanische Kundschaft bewahrt die Compagnie einigen berühmten Alpenhäuptern, wie Jungfrau, Mönch, Finsteraarhorn, ihr gefahrvolles, wildes Aussehen, obgleich da nicht mehr zu riskieren ist als anderwärts.

– Nicht möglich! Und die Spalten, mein Lieber, die schrecklichen Gletscherspalten! … Wenn Sie da hineinfallen?

– Sie fallen auf den Schnee, Herr Tartarin, und Sie tun sich nicht sehr wehe. Unten, in der Tiefe, steht immer ein Portier, ein Jäger, irgendjemand da, der Sie aufhebt, Sie abbürstet, schüttelt und höflichst sich erkundigt: »Haben der Herr auch Gepäck?«.

– Na, na, na … Was schwatzen Sie da, Gonzague?

Aber Bompard machte ein immer ernsteres Gesicht.

– Der Unterhalt dieser Gletscherspalten ist eine der größten Ausgaben der Compagnie.

Einen Augenblick wurde es still unter dem Tunnel, in dessen Umgebung schon alles Geräusch aufgehört hat. Keine bengalischen Flammen, keine Raketen, keine Schiffe mehr auf dem See. Aber der Mond ist aufgegangen und malt eine andere konventionelle Landschaft hin, alles bläulich, flüssig, mit Streifen undurchdringlicher Schatten …

Tartarin sträubt sich doch, seinem Begleiter aufs Wort zu glauben. Indessen, er denkt an alles Unerhörte, was er in den vier Tagen erlebt hat, die Rigisonne, die Tellskomödie, und die Erfindungen Bompards gewinnen für ihn umso mehr Wahrscheinlichkeit, als bei jedem Bürger von Tarascon hinter dem prahlenden Narren ein leichtgläubiger Narr steckt.

– Mag sein, mein lieber Freund, aber wie erklären Sie sich die entsetzlichen Katastrophen? … die vom Matterhorn zum Beispiel?

– Das ist schon sechzehn Jahre her, die Compagnie existierte damals noch nicht, Herr Tartarin.

– Aber noch letztes Jahr der Unfall auf dem Wetterhorn, die beiden Führer mit den Reisenden verschüttet!

– Das gehört leider auch dazu, um die Alpenliebhaber anzuziehen … Einen Berg, auf dem noch niemand den Hals gebrochen, sehen die Engländer nicht für voll an … Das Wetterhorn verlor seit einiger Zeit an Ansehen. Nach dem kleinen Unfall, von dem alle Blätter berichteten, stiegen auch da wieder die Einnahmen.

– Und die beiden Führer?

– Befinden sich wohl und munter wie die Reisenden. Man hat sie nur verduften lassen, auf ein halbes Jahr ins Ausland geschickt … eine kostspielige Reklame, aber die Compagnie ist reich genug, um sich das leisten zu können.

– Hören Sie, Gonzague …

Tartarin erhebt sich und legt eine Hand auf die Schulter des ehemaligen Cercle-Verwalters:

– Sie wollen gewiss nicht, dass mir ein Unglück begegnet, sagte er … Gut, reden Sie offen mit mir; Sie wissen, was ich als Bergsteiger zu vollbringen vermag; nichts Großes.

– Nichts Großes, ja freilich.

– Glauben Sie indessen, dass ich ohne allzu große Gefahr die Besteigung der Jungfrau unternehmen könnte?

– Dafür stehe ich ein, und ich lege meine Hand dafür ins Feuer. Herr Tartarin; *vé!*

– Und wenn ich schwindlig werde?

– So machen Sie die Augen zu.

– Wenn ich ausgleite?

– Gleiten Sie zu … Es geht wie auf der Bühne … Es ist alles darauf eingerichtet … Man riskiert nichts. (…) Wenn Sie in der deutschen Schweiz reisen, so erblicken Sie bisweilen auf schwindelnder Höhe einen Pastor, der unter Gottes freiem Himmel predigt. Er steht auf einem Felsblock oder auf einem zu einer Kanzel hergerichteten Baumstamm. Einige Hirten und Sennen, ihr Lederkäppchen in der Hand, Frauen in der Landestracht, stehen in malerischen Gruppen umher; und die Landschaft ist schön: grüne und frisch gemähte Wiesen, Wasserfälle rechts und links, und auf allen Weideplätzen Kuhherden mit schweren Glocken. Alles das, *vé!* ist pure Dekoration, auf den Effekt berechnet. Aber nur die Angestellten der Compagnie, die Führer, Pastoren, Kuriere, Gastwirte sind in dem Geheimnis. Ihr Interesse ist es, die Sache nicht auszuschwatzen und die Kundschaft nicht zu vertreiben.

Tartarin ist ganz betäubt von dem Angehörten. Er verstummt, das ist bei ihm der höchste Grad der Verblüfftheit. Und wenn er auch nicht jeden Zweifel an der Wahrhaftigkeit Bompards zu unterdrücken vermag, so fühlt er sich doch bezüglich der Alpenbesteigungen beruhigter, zuversichtlicher.

Mark Twain

Besteigung der Rigi-Kulm

Die Rigi ist ein imposantes, sechstausend Fuß hohes Alpenmassiv, das für sich steht und eine herrliche Aussicht auf blaue Seen, grüne Täler und schneebedeckte Berge bietet – ein dichtgedrängtes und großartiges Landschaftsbild mit einem Umkreis von dreihundert Meilen. Der Aufstieg wird per Bahn, zu Pferde oder zu Fuß durchgeführt, wie es beliebt. Ich und mein Agent staffierten uns eines klaren Morgens mit Wandertracht aus und fuhren mit dem Dampfer über den See; bei dem Dorfe Weggis, drei Viertelstunden von Luzern entfernt, gingen wir an Land. Dieses Dorf liegt am Fuße des Berges.

Bald stapften wir gemächlich den laubüberwölbten Maultierpfad hinauf, und wie gewöhnlich begann bald die Unterhaltung zu fließen. Es war zwölf Uhr mittags, ein windiger, wolkenloser Tag; der Boden stieg allmählich an, und die flüchtigen Ausblicke unter den abschirmenden Zweigen hervor auf blaues Wasser, winzige Segelboote und überhängende Klippen waren so bezaubernd wie flüchtige Ausblicke in das Traumland. Alles um uns war vollkommen – und die Vorfreude auch, denn bald sollten wir zum ersten Mal dieses wunderbare Schauspiel, einen Sonnenaufgang in den Alpen, genießen – das Ziel unserer Fahrt. Anscheinend war kein Grund zur Eile vorhanden, denn das Reisehandbuch gab der Strecke zu Fuß von Weggis bis zum Gipfel nur dreieinviertel Stunden. Ich sage »anscheinend«, denn das Reisehandbuch hatte uns schon einmal genarrt – hinsichtlich der Entfernung zwischen Allerheiligen und Oppenau –, und wusste ich denn, ob es sich nicht anschickte, uns wieder zu narren? Nur der Höhenangaben waren wir sicher – wie viele Stunden man vom Fuße bis zum Gipfel brauchte, wollten wir selbst feststellen. Der Gipfel liegt sechstausend Fuß über dem Meeresspiegel, aber nur viertausendfünfhundert Fuß über dem See. Als wir eine halbe Stunde gewandert waren, hatten wir Geist und Sinn des Unternehmens erfasst, und so machten wir uns klar zum Gefecht; das heißt, wir ließen einen Jungen, dem wir begegneten, für uns die Alpenstöcke, Taschen, Mäntel und andere Sachen tragen; das gab uns freie Hand für unser Unternehmen.

Ich vermute, wir müssen wohl öfter angehalten haben, um uns im Schatten auf dem Gras auszustrecken und ein bisschen zu rauchen, als es dieser Junge gewöhnt war, denn bald fragte er, ob wir die Vorstellung gehabt hätten, ihn für diese eine Dienstleistung oder auf ein Jahr einzustellen. Wir sagten ihm, er könnte gehen, wenn er es eilig hätte. Er sagte, er hätte es nicht so besonders eilig, aber er wollte auf den Gipfel kommen, solange er noch jung wäre. Wir sagten ihm, dann sollte er sich davonmachen und die Sachen im höchsten Hotel zurücklassen und sagen, wir kämen bald nach. Er sagte, er würde uns ein Hotel sichern, wenn er könnte, aber wenn sie alle besetzt wären, wollte er sie auffordern, noch eines zu bauen und sich zu beeilen, dass Farbe und Mörtel trocken wären, bis wir einträfen. Während er uns noch immer gutmütig aufzog, schob er los, den Pfad aufwärts, und war bald verschwunden. Gegen sechs Uhr waren wir ziemlich weit oben, und die Aussicht auf See und Berge hatte stark an Umfang und Reiz gewonnen. Wir blieben eine Weile in einer kleinen Gastwirtschaft, wo wir draußen auf der Veranda Brot und Käse und ein oder zwei Liter frischer Milch verzehrten und das große Panorama direkt vor uns hatten – und dann gingen wir weiter.

Zehn Minuten später begegneten wir einem erhitzten Mann mit rotem Gesicht, der mit mächtigen Schritten den Berg herabgesaust kam, den Alpenstock vor sich her schwang und dessen Eisenspitze in den Boden stemmte, um diesen großen Schritten Halt zu geben. Er hielt an, fächelte sich mit dem Hut, wischte sich mit einem roten Taschentuch den Schweiß von Gesicht und Hals, schnaufte einen oder zwei Augenblicke lang und fragte, wie weit es noch bis Weggis wäre. Ich sagte, drei Stunden. Er sah überrascht drein und sagte:

»Nanu, es sieht doch aus, als könnte ich von hier aus einen Keks in den See werfen, so nahe ist er. Ist das dort ein Gasthaus?«

Ich sagte ja.

»Na«, sagte er, »noch drei Stunden kann ich nicht mehr aushalten, für heute habe ich genug; ich nehme dort ein Bett.«

Ich fragte: »Sind wir bald am Gipfel?«

»Bald am *Gipfel!* Na, Gott segne Sie, Sie sind ja noch gar nicht richtig losgegangen.«

Ich sagte, wir würden auch im Gasthof absteigen. Also drehten wir um und bestellten ein warmes Abendessen und verbrachten mit diesem Engländer einen sehr fröhlichen Abend.

Die deutsche Wirtin gab uns saubere Zimmer und bequeme Betten, und als ich und mein Agent schlafen gingen, geschah das mit dem Vorsatz, früh aufzustehen und unseren ersten alpinen Sonnenaufgang gründlichst zu genießen. Aber natürlich waren wir todmüde und schliefen wie Polizisten; deshalb war es am Morgen, als wir aufwachten und ans Fenster liefen, schon zu spät, denn es war halb zwölf. Das war eine bittere Enttäuschung. Wir bestellten jedoch das Frühstück und baten die Wirtin, den Engländer zu rufen, aber sie sagte, der wäre schon bei Tagesanbruch auf und davon gegangen – und hätte grässlich über irgendwas geflucht. Wir konnten nicht herausbekommen, was geschehen war. Er hatte die Wirtin gefragt, wie hoch ihr Grundstück über dem See läge, und sie hatte ihm gesagt, 1495 Fuß. Weiter war nichts gesprochen worden; dann wurde er wütend. Er sagte, dass man in einem solchen Lande zwischen Trotteln und Reisehandbüchern binnen vierundzwanzig Stunden so viel Unkenntnis erwerben könnte, dass es für ein ganzes Jahr reichte. Harris vermutete, unser Junge hätte ihn mit falschen Auskünften überfüttert; und das war offenbar der Fall, denn seine Bezeichnung traf haargenau auf diesen Jungen zu.

Um die Mittagsstunde brachen wir auf und zogen wieder mit frischem und energischem Schritt dem Gipfel zu. Als wir etwa zweihundert Yard weit gekommen waren und rasteten, schaute ich beim Anrauchen der Pfeife nach links und entdeckte in der Ferne einen langen Wurm aus schwarzem Rauch, der träge den steilen Berg hinankroch. Das war natürlich die Lokomotive. Sofort stützten wir uns auf die Ellbogen, um hinüberzustarren, denn wir hatten noch nie eine Bergbahn gesehen. Bald konnten wir den Zug erkennen. Es schien unglaublich, dass dieses

Ding einen Hang steil wie ein Hausdach geradezu hinaufkriechen könne – aber dort war es, und genau dieses Wunder vollbrachte es.

Im Laufe einiger Stunden erreichten wir eine ordentliche, luftige Höhe, wo über das ganze Dach jeder kleinen Sennhütte große Steine verteilt lagen, die es auf der Erde festhalten sollen, wenn die heftigen Stürme toben. Das Gelände daherum war wüst und felsig, aber es gab viele Bäume, viel Moos und Gras.

Weit drüben am gegenüberliegenden Ufer des Sees konnten wir einige Dörfer sehen, und nun konnten wir zum ersten Male den wahren Unterschied zwischen ihren Maßen und denen der riesigen Berge erkennen, zu deren Füßen sie ruhten. Wenn man sich in einem solchen Dorf befindet, wirkt es geräumig, und seine Häuser wirken hoch und nicht unproportioniert gegenüber dem Berg, der über ihnen emporragt – aber von unserer Höhe aus, welch ein Unterschied! Die Berge waren höher und großartiger denn je, wie sie dort standen und, die Häupter in den dahinziehenden Wolken, ihre ernsten Gedanken dachten, aber die Dörfer zu ihren Füßen – wenn es dem angestrengten Auge gelang, sie aufzuspüren und zu finden – waren so klein geworden, beinahe unsichtbar, und lagen so flach am Boden, dass der zutreffendste Vergleich, welcher mir einfällt, der ist, sie dem von Ameisen deponierten gekörnten Dreck gegenüberzustellen, der von der gewaltigen Masse einer Kathedrale überschattet wird. Die Dampfer, die unter den ungeheuren Abhängen dahinglitten, hatte die Entfernung zu allerliebsten kleinen Spielsachen einschrumpfen lassen, die Segelboote und Ruderboote zu Nachen für Feen, die in Lilienkelchen wohnen und auf dem Rücken einer Hummel zu Hofe reiten.

Bald stießen wir auf ein halbes Dutzend Schafe, die im Sprühregen eines klaren Wasserlaufes grasten, der von einer hundert Fuß hohen Felsenmauer entsprang, und plötzlich wurden unsere Ohren von einem melodischen »Lal … l … l … lal-lal-la-hi-o-o-o!« überrascht, das fröhlich aus naher, aber unsichtbarer Quelle erschallte, und erkannten, dass wir zum ersten Male den berühmten Alpenjodler in seiner heimatlichen Wildnis hörten. Und wir erkannten auch, dass es jene wunderliche Mischung von Bariton und Falsett war, die wir zu Hause »Tiroler Triller« nennen.

Das Jodeln hielt an und hörte sich sehr angenehm und erfrischend an. Nun erschien der Jodler – ein sechzehnjähriger Sennerbub –, und in unserer Freude und Dankbarkeit gaben wir ihm einen Franken, damit er noch etwas jodelte. Also jodelte er, und wir hörten zu. Dann gingen wir weiter, und er jodelte uns großzügigerweise außer Sichtweite. Nach etwa fünfzehn Minuten stießen wir auf einen weiteren jodelnden Sennerbuben und gaben ihm einen halben Franken, damit er weiterjodelte. Auch er jodelte uns außer Sichtweite. Danach trafen wir alle zehn Minuten auf einen Jodler; dem ersten gaben wir acht Cent, dem zweiten sechs Cent, dem dritten vier Cent, dem vierten einen Penny, den Nummern fünf, sechs und sieben zahlten wir nichts und stellten für den Rest des Tages die übrigen Jodler für einen Franken pro Kopf dazu an, nicht mehr zu jodeln. In den Alpen gibt es etwas zu viel von diesem Gejodele.

Mitten am Nachmittag schritten wir durch einen ungeheuren natürlichen Torweg, das »Felsentor«, das durch zwei riesige aufrecht stehende und einen dritten oben quer darüberliegenden Felsen gebildet wird. Dicht dabei stand ein sehr ansprechendes kleines Hotel, aber unsere Kräfte waren noch nicht geschlagen, also liefen wir weiter.

Drei Stunden später stießen wir auf die Eisenbahnstrecke. Sie war geradenwegs bergauf angelegt, mit der Neigung einer Leiter, die gegen ein Haus lehnt, und uns schien, der Mensch müsse gute Nerven haben, der vorhabe, hier hinauf- oder hinunterzufahren.

Am späten Nachmittag kühlten wir unser schmorendes Inneres mit eiskaltem Wasser aus klaren Bächen, dem einzigen wirklich befriedigenden Wasser, das wir seit der Abreise von zu Hause getrunken hatten, denn in den Hotels auf dem Kontinent bekommt man nur einen Becher mit Eis, in dem man das Wasser ziehen lassen kann, und das verringert seine Wärme nur, macht es aber nicht kalt. Wasser kann man für die Bedürfnisse des Sommers nur kühl genug erhalten, indem man es in einem Kühlschrank oder einem geschlossenen Eiskrug zubereitet. Die Europäer sagen, Eiswasser schade der Verdauung. Woher wissen sie das? – sie trinken ja nie welches.

Zehn Minuten nach sechs erreichten wir die Station Kaltbad, wo ein weiträumiges Hotel mit großen Veranden steht, die eine majestätisch breite See- und Berglandschaft überschauen. Wir waren jetzt ziemlich ausgepumpt, aber da wir den alpinen Sonnenaufgang nicht versäumen wollten, brachten wir unser Abendessen so schnell wie möglich hinter uns und gingen eilig zu Bett. Es war unbeschreiblich wohltuend, unsere erschöpften Glieder zwischen den kühlen, feuchten Laken auszustrecken. Und wie wir schliefen! – denn es gibt kein Schlafmittel so gut wie eine Fußwanderung in den Alpen.

Am Morgen erwachten wir, sprangen beide im gleichen Augenblick aus dem Bett, rannten und rissen die Fenstervorhänge zur Seite, aber wir erlitten wieder eine bittere Enttäuschung: es war schon halb vier Uhr nachmittags.

Mürrisch und missgelaunt zogen wir uns an, wobei jeder den anderen beschuldigte, verschlafen zu haben. Harris sagte, wenn wir den Reiseführer mitgenommen hätten, wie es richtig gewesen wäre, hätten wir diese Sonnenaufgänge nicht verpasst. Ich sagte, er wisse sehr wohl, dass einer von uns hätte aufbleiben und den Reiseführer wecken müssen; und ich fügte hinzu, wir hätten genug Mühe damit, bei dieser Besteigung auf uns selbst aufzupassen, ohne auch noch auf einen Reiseführer aufpassen zu müssen.

Während des Frühstücks hoben sich unsere Lebensgeister ein bisschen, da wir aus dem Reisehandbuch entnahmen, dass der Tourist in den Hotels auf dem Gipfel zum Sonnenaufgang nicht dem Glück überlassen bleibt, sondern rechtzeitig durch einen Mann geweckt wird, der mit einem großen Alphorn durch die Gänge geht und tutet, dass die Toten aufwachten. Und es gab noch eine tröstliche Sache: Das Reisehandbuch sagte, dass sich die Gäste da oben auf dem Gipfel nicht damit aufhielten, sich groß anzuziehen, sondern eine rote Wolldecke schnappten und in der Aufmachung von Indianern hinausliefen. Das war gut; das würde romantisch werden; zweihundertfünfzig Leute, auf dem zugigen Gipfel zusammengedrängt, mit fliegenden Haaren und flatternden roten Decken, in der erhabenen Gegenwart der schneebedeckten Bergketten und des hellen Glanzes, der das Nahen der Sonne verkündete, würden einen eindrucksvollen und denkwürdigen Anblick bieten. Also war es Glück, nicht Pech, dass wir diese anderen Sonnenaufgänge verpasst hatten.

Aus dem Reisehandbuch erfuhren wir, dass wir nunmehr 3228 Fuß über dem See wären – also waren volle zwei Drittel unserer Tour geschafft. Viertel nach vier Uhr nachmittags gingen wir los; hundert Yard über dem Hotel teilte sich die Bahnstrecke; ein Gleis verlief den sehr steilen Berg gerade hinauf, das andere bog mit einer sehr geringen Steigung scharf nach rechts ab. Wir wählten das letztere und folgten ihm mehr als eine Meile weit, bogen um eine Felsenecke und erblickten ein hübsches, neues Hotel. Wären wir weitergegangen, dann wären wir zum Gipfel gekommen, aber Harris stellte lieber eine Menge Fragen – wie gewöhnlich einem Manne, der überhaupt nichts wusste und der sagte, wir müssten umkehren und der anderen Strecke folgen. Das taten wir. Diesen Zeitverlust konnten wir uns kaum leisten.

Wir stiegen und stiegen; und wir stiegen immer weiter; wir langten auf etwa vierzig Gipfeln an; aber immer lag noch einer direkt vor uns. Es fing an zu regnen, und es regnete in vollem Ernst. Wir waren durchweicht, und es war bitterkalt. Dann deckte ein nebliger Wolkendunst die ganze Gegend dicht zu, und wir hielten uns an die Bahnschwellen, um uns nicht zu verirren. Manchmal platschten wir auf einem engen Pfad links der Geleise dahin, aber als der Nebel einmal ein bisschen zur Seite geweht wurde und wir sahen, dass wir auf der Schutzwehr vor einem Abgrund entlangschritten und dass unsere linken Ellbogen in eine absolut grenzenlose und bodenlose Leere hinausragten, schnappten wir nach Luft und sprangen auf die Schwellen zurück.

Die Nacht brach herein, dunkel, nieselnd und kalt. Abends gegen acht hob sich der Nebel und zeigte uns einen stark ausgetretenen Pfad, der an einer sehr steilen Erhebung nach links emporführte. Wir schlugen ihn ein, und sobald wir weit genug von der Bahnstrecke entfernt waren, um sie unmöglich wiederfinden zu können, schloss sich der Nebel wieder um uns zusammen.

Jetzt waren wir an einer kahlen, ungeschützten Stelle und mussten immerzu weitertrotten, um warm zu bleiben, obwohl wir so ziemlich darauf gefasst waren, früher oder später in einen Abgrund zu fallen. Gegen neun Uhr machten wir eine wichtige Entdeckung – dass wir uns auf gar keinem Pfad befanden. Eine Weile tasteten wir auf Händen und Knien herum, konnten ihn aber nicht finden; also setzten wir uns im Matsch und im spärlichen nassen Gras hin, um abzuwarten. Dazu trieb uns das Entsetzen, plötzlich einer riesigen Masse gegenüberzustehen, die einen Augenblick lang verschwommen zu sehen und im nächsten Augenblick wieder vom Nebel ausgelöscht war. Tatsächlich war es das Hotel, hinter dem wir her waren, vom Nebel ins Ungeheure vergrößert, aber wir hielten es für die Stirnwand eines Abgrunds und beschlossen, es gar nicht erst zu versuchen, uns emporzukrallen.

Eine Stunde lang saßen wir dort, mit klappernden Zähnen und zitterndem Leib, und stritten uns über alle möglichen Kleinigkeiten, aber die meiste Aufmerksamkeit widmeten wir der Tätigkeit, uns gegenseitig wegen des Irrsinns zu beschimpfen, die Bahnstrecke verlassen zu haben. Wir saßen so, dass wir jener Steilwand den Rücken zuwandten, denn das bisschen Wind, das überhaupt wehte, kam aus dieser Richtung. Irgendwann wurde der Nebel ein wenig lichter; wir wussten nicht, wann, denn wir blickten ins leere All, und da war das Lichterwerden nicht zu erkennen; aber endlich wandte sich Harris zufällig um, und da stand, wo der Steilhang gewesen war, ein ungeheures, verschwommenes, geisterhaftes Hotel. Man konnte schwach die Fenster und Schornsteine ausmachen und einen matten Lichterschein. Unsere erste Regung war tiefe, unaussprechliche Dankbarkeit, die nächste war alberne Wut, aus dem Verdacht geboren, dass möglicherweise das Hotel schon seit einer Dreiviertelstunde sichtbar gewesen war, während wir streitend in diesen kalten Pfützen gesessen hatten.

Ja, es war das Rigi-Kulm-Hotel, und zwar das auf dem höchsten Gipfel, dessen ferne, kleine Lichter wir von unserem Balkon aus dort weit unten in Luzern oft hoch oben zwischen den Sternen hatten schimmern sehen. Der grämliche Portier und die grämlichen Angestellten boten uns den mürrischen Empfang, mit dem diese Leute in guten Zeiten aufwarten, aber wir besänftigten sie durch ein Extraaufgebot an Unterwürfigkeit und Kriecherei und brachten sie schließlich dazu, uns zu dem Zimmer zu führen, das der Junge für uns bestellt hatte.

Wir zogen trockene Sachen an, und während unser Abendessen vorbereitet wurde, schlenderten wir einsam und verlassen durch ein paar riesige, höhlenartige Salons, einen davon mit Ofen. Dieser Ofen stand in einer Ecke und war von einer dichten Menschenmauer umgeben. Wir konnten nicht in die Nähe des Feuers gelangen, deshalb bewegten wir uns hauptsächlich in den arktischen Regionen zwischen einer Menge Menschen, die schweigend, ernst, hoffnungslos und bibbernd dasaßen – und vielleicht dachten, wie blöde sie gewesen waren, herzukommen. Ein paar Amerikaner und ein paar Deutsche befanden sich dort, aber man konnte erkennen, dass die große Mehrheit Engländer waren.

Wir schlenderten in einen Raum, wo sich eine große Schar von Leuten aufhielt, und wollten nachsehen, was vorging. Es war ein Andenkenladen. Die Touristen kauften begierig Brieföffner aller Arten und Formen mit der Inschrift »Gruß von der Rigi« und mit einem Griff aus dem kleinen, gekrümmten Horn der angeblichen Gämse; es gab alle möglichen Holzbecher und solche Sachen mit der gleichen Inschrift. Ich wollte mir gerade einen Brieföffner kaufen, glaubte dann jedoch, mich auch ohne diesen an die kalte Pracht des Rigi-Kulm erinnern zu können, deshalb unterdrückte ich die Regung.

Das Abendessen wärmte uns auf, und wir gingen sofort zu Bett; aber zuvor schrieb ich ein paar Zeilen an Herrn Baedeker, da er alle Touristen bittet, ihn auf Irrtümer aufmerksam zu machen, die sie in seinen Reisehandbüchern finden mögen, und teilte ihm mit, dass er bei seiner Angabe, die Wanderung von Weggis bis zum Gipfel dauere nur dreieinviertel Stunden, um ziemlich drei Tage danebengetroffen hätte. Ich hatte ihn schon vorher über seinen Irrtum hinsichtlich der Entfernung zwischen Allerheiligen und Oppenau aufgeklärt und hatte auch das Landesvermessungsamt der deutschen Regierung über denselben Fehler auf den Karten des Reichsgebietes informiert. Ich möchte gleich hinzufügen, dass ich auf diese Briefe von keiner der beiden Stellen jemals eine Antwort oder eine Danksagung erhalten habe; und was noch unhöflicher ist, weder auf den Karten noch in den Reisehandbüchern sind diese Berichtigungen eingetragen worden. Aber ich werde noch einmal schreiben, wenn ich Zeit habe, denn meine Briefe könnten ja fehlgeleitet worden sein.

Wir rollten uns in den klammen Betten zusammen und schliefen ungewiegt ein. Wir waren so durch und durch erschöpft, dass wir uns nicht rührten oder umdrehten, bis uns das Dröhnen des Alphorns weckte. Man kann sich wohl vorstellen, dass wir keine Zeit verloren. Wir warfen uns in ein paar Kleidungsstücke, wickelten uns, wie es sich gehört, in die roten Decken und stürzten barhäuptig die Gänge entlang und hinaus in den pfeifenden Wind. Auf der höchsten Spitze des Gipfels, etwa hundert Yard weit entfernt, sahen wir ein hohes Holzgerüst und wandten uns dorthin. Wir rasten die Stufen zur Plattform dieses Gerüstes hinauf und standen dort, über der weithin ausgebreiteten Welt, mit fliegenden Haaren und roten Decken, die in der heftigen Brise wehten und knatterten.

»Mindestens fünfzehn Minuten zu spät!«, sagte Harris mit ärgerlicher Stimme. »Die Sonne steht deutlich über dem Horizont.«

»Macht nichts«, sagte ich, »es ist ein überaus prächtiges Schauspiel, und wir werden sie immerhin bei ihrem restlichen Aufgang sehen.«

Alsbald waren wir tief in das Wunder vor uns versunken und für alles andere taub. Die große, mit Wolkenfetzen gestreifte Sonnenscheibe stand genau über einer grenzenlosen Weite wogender Weißköpfe – sozusagen –, einem wellenden Chaos massiger Bergkuppen und Gipfel, in ewigen Schnee gehüllt und mit einem schillernden Glorienschein veränderlicher und sich immer wieder auflösender Glanzlichter überflutet, während durch Risse in einer schwarzen Wolkenbank über der Sonne leuchtende Speere aus Diamantstaub zum Zenit emporschossen. Die zerklüfteten Täler der tieferen Welt schwammen in farbigem Dunst, der die Zerrissenheit ihrer Klippen, Rippen und zottigen Wälder verschleierte und die ganze abschreckende Landschaft in ein sanftes, köstliches und sinnbetörendes Paradies verwandelte.

Wir konnten nicht sprechen. Wir konnten kaum atmen. Wir konnten nur in trunkenem Entzücken hinstarren und alles in uns einsaugen. Plötzlich rief Harris aus: »Nanu, verdammt, sie geht ja *unter*!«

Vollkommen wahr. Wir hatten das *morgendliche* Horntuten verpasst und den ganzen Tag durchgeschlafen. Es war verblüffend.

Harris sagte: »Hör mal, hier ist nicht die Sonne das Schaustück – wir sind es – hier oben auf diesem Schafott in den idiotischen Decken aufgebaut, und da unten stehen zweihundertfünfzig gutangezogene Männer und Frauen und glotzen uns an und kümmern sich nicht die Bohne darum, ob die Sonne auf- oder untergeht, wenn sie ein derart lächerliches Bild in ihren Notizbüchern festzuhalten haben. Sie scheinen sich kaputtzulachen, und dort ist ein Mädchen, das ganz und gar zu platzen scheint. Ich habe noch nie einen Menschen wie dich erlebt. Ich glaube, du bist ein Esel in höchster Vollendung.«

»Was habe *ich* denn getan?«, erwiderte ich hitzig.

»Was du getan hast? Du bist um halb acht Uhr abends aufgestanden, um die Sonne aufgehen zu sehen, das hast du getan.«

»Und darf ich fragen, ob du etwas Besseres getan hast? Ich bin stets mit der Lerche aufgestanden, bis ich unter den versteinernden Einfluss deines aufgeblasenen Verstandes geriet.«

»*Du* bist stets mit der Lerche aufgestanden! Oh, gewiss; eines Tages wirst du noch mit dem Henker aufstehen. Aber du solltest dich schämen, hier in einer roten Decke auf einem vierzig Fuß hohen Galgen auf dem Gipfel der Alpen so rumzuquatschen. Und noch dazu bei der Unmasse von Leuten da unten; das ist nicht der Ort, seine Wut so offen zu zeigen.«

Und so ging der übliche Streit weiter. Als die Sonne so ziemlich unten war, schlüpften wir in der barmherzigen Dämmerung in das Hotel zurück und gingen wieder zu Bett. Unterwegs waren wir dem Hornbläser begegnet, und er hatte versucht, seine Vergütung zu kassieren, nicht nur für das Ankündigen des Sonnenunterganges, den wir gesehen, sondern auch des Sonnenaufganges, den wir völlig verpasst hatten, aber wir sagten nein, wir nähmen unsere Sonnenrationen nur nach dem »europäischen

System« – zahle für das, was du bekommst. Er versprach, dafür zu sorgen, dass wir morgen sein Horn hörten, wenn wir noch am Leben wären.

Er hielt Wort. Wir hörten sein Horn und standen sofort auf. Es war dunkel, kalt und grässlich. Während ich nach den Streichhölzern herumkramte und mit zitternden Händen Sachen herabstieß, wünschte ich, die Sonne würde mitten am Tage aufgehen, wenn es warm, hell und freundlich wäre und man sich nicht müde fühlte. Beim Dämmerlicht einiger kränklicher Kerzen machten wir uns an das Anziehen, aber wir konnten kaum etwas zuknöpfen, so bebten uns die Hände. Ich dachte daran, wie viele glückliche Leute es in Europa, Asien, Amerika und überall gab, die friedlich in ihren Betten schliefen und nicht aufstehen und sich den Sonnenaufgang auf der Rigi ansehen mussten – Leute, die höchstwahrscheinlich diesen Vorzug nicht zu schätzen wussten, sondern morgens aufstehen und von der Vorsehung noch mehr Wohltaten verlangen. Während mir diese Gedanken durch den Kopf gingen, gähnte ich ziemlich ausgiebig, und die obere Hälfte meines Gebisses verfing sich an einem Nagel über der Tür, und während ich auf einen Stuhl stieg, um mich zu befreien, zog Harris die Gardine zurück und sagte:

»Oh, das nennt man Glück! Wir werden überhaupt nicht hinauszugehen brauchen; dort drüben sind die Berge, alle gut zu sehen.«

Das war wirklich eine angenehme Neuigkeit. Sie machte uns sofort fröhlich. Man sah die gewaltigen Alpenmassen undeutlich gegen das schwarze Firmament abgezeichnet, und ein oder zwei matte Sterne blinkten durch Ritze in der Nacht. Völlig angezogen und in Decken gehüllt drängelten wir uns mit brennenden Pfeifen an das Fenster und begannen eine Unterhaltung, während wir in größter Behaglichkeit darauf warteten, wie ein alpiner Sonnenaufgang bei Kerzenlicht aussehen würde. Allmählich breitete sich beinahe unmerklich ein zarter, ätherischer Schimmer über die höchsten Höhen der schneebedeckten Einöden – aber damit schien schon alles aufzuhören. Daraufhin sagte ich:

»Dieser Sonnenaufgang muss irgendwo einen Haken haben. Er scheint nicht zu gehen. Was meinst du wohl, was damit los ist?«

»Ich weiß nicht. Er scheint irgendwo steckengeblieben zu sein. Ich habe noch nie erlebt, dass ein Sonnenaufgang sich so benommen hätte. Ob uns etwa das Hotel einen Streich spielt?«

»Natürlich nicht. Das Hotel hat nur ein Eigentumsrecht an der Sonne, mit ihrer Geschäftsführung hat es nichts zu tun. Ein unsicherer Besitz ist sie aber auch; eine Folge totaler Sonnenfinsternisse würde diese Kneipe hier ruinieren. Also, was kann denn bloß mit diesem Sonnenaufgang los sein?«

Harris sprang auf und sagte: »Ich hab's! Ich weiß, was damit los ist! Wir haben uns die Stelle angesehen, wo die Sonne gestern Abend *untergegangen* ist!«

»Das stimmt wirklich! Warum ist dir das nicht eher eingefallen? Jetzt haben wir wieder einen verpasst. Und alles durch deine Dummheit. Das sieht dir wieder einmal richtig ähnlich, die Pfeife anzuzünden und dich hinzusetzen, um zu warten, bis die Sonne im Westen aufgeht!«

»Es sieht mir auch wieder richtig ähnlich, den Fehler herauszukriegen. Du hättest ihn niemals herausgekriegt. Ich kriege immer alle Fehler heraus.«

»Du machst sie auch alle, sonst hättest du deine wertvollste Eigenschaft ja umsonst bekommen. Aber halten wir uns jetzt nicht mit Streitereien auf; vielleicht kommen wir noch nicht zu spät.«

Aber wir kamen zu spät. Die Sonne war ganz heraus, als wir zum Aussichtsgelände kamen.

Unterwegs begegneten wir der zurückkehrenden Menge Männern und Frauen in seltsamen Trachten aller Art, und sie zeigten in Gang und Miene alle Abstufungen des Frierens und des Jammers. Als wir auf dem Platz ankamen, stand noch ein Dutzend da, um das Gerüst zusammengedrängt, dem bitteren Wind den Rücken zugekehrt. Sie hatten ihre roten Reisehandbücher beim Panorama geöffnet, pickten sich mühsam die verschiedenen Berge heraus und versuchten, sich ihre Namen und ihre Lage einzuprägen. Es war einer der traurigsten Anblicke, die ich je gesehen habe.

Zwei Seiten dieses Platzes waren mit Geländern gesichert, um zu verhindern, dass die Leute in den Abgrund geweht würden. Wenn man von dieser großen Höhe aus ostwärts direkt in das weite Tal hinunterblickte – fast eine Meile senkrecht hinunter –, bot sich eine sehr seltsame, merkwürdige Aussicht. Landkreise, Städtchen, Hügelrücken und -ketten, weite Strecken grüner Wiesen, mächtige Waldflächen, gewundene Wasserläufe, ein Dutzend blauer Seen, eine Herde geschäftiger Dampfboote – diese ganze kleine Welt sahen wir in einzigartiger Weise mit den geringsten Einzelheiten, sahen sie genauso, wie Vögel sie sehen, und alles im kleinsten Maßstab und so klar herausgearbeitet und vollendet wie auf einem Stahlstich. Die vielen Spielzeugdörfer, aus denen winzige Kirchtürmchen herausragten, lagen genauso da, wie die Kinder sie am Tag vorher nach beendetem Spiel zurückgelassen haben könnten; aus den Waldgebieten waren kleine Moospolster geworden; ein oder zwei große Seen waren zu Teichen, die kleineren zu Pfützen zusammengeschrumpft – aber sie sahen nicht wie Pfützen aus, sondern wie blaue Ohrgehänge, die herabgefallen und in leichte, ihrer Gestalt angepasste Vertiefungen geschlüpft waren, zwischen die Moospolster und die glatten Flächen zarten, grünen Ackerlandes; die mikroskopisch kleinen Dampfboote glitten dahin wie in einem städtischen Wasserreservoir und brauchten mächtig viel Zeit, die Strecke zwischen zwei Häfen zurückzulegen, die nur ein Yard auseinander zu liegen schienen; und der Landstreifen, der zwei Seen voneinander trennte; sah aus, als könnte man sich darauf ausstrecken und mit beiden Ellbogen im Wasser liegen; doch wir wussten, dass unsichtbare Wagen sich darüber hin mühten und die Strecke sehr lang fanden. Diese wunderschöne Miniaturwelt sah genauso aus wie die »Reliefkarten«, welche die Natur exakt wiedergeben, wobei die Höhen und Vertiefungen und anderen Einzelheiten in kleinerem Maßstab dargestellt werden und die Felsen, Bäume, Seen und so weiter naturecht koloriert sind.

Johanna Spyri

Heidis Lehr- und Wanderjahre

Das Waisenkind Heidi wurde von ihrer Tante zu ihrem Großvater gebracht, dem Alpöhi, auf dessen Alm das Mädchen fortan leben soll. Mit dem Geissenpeter und seinen Tieren geht es zum ersten Mal hoch auf die Weide.

Nun ging es lustig die Alm hinan. Der Wind hatte in der Nacht das letzte Wölkchen weggeblasen; dunkelblau schaute der Himmel von allen Seiten hernieder, und mittendrauf stand die leuchtende Sonne und schimmerte auf die grüne Alp, und alle die blauen und gelben Blümchen darauf machten ihre Kelche auf und schauten ihr fröhlich entgegen. Heidi sprang hierhin und dorthin und jauchzte vor Freude, denn da waren ganze Trüppchen feiner, roter Himmelsschlüsselchen beieinander, und dort schimmerte es ganz blau von den schönen Enzianen, und überall lachten und nickten die zartblätterigen, goldenen Cystusröschen in der Sonne. Vor Entzücken über all die flimmernden winkenden Blümchen vergaß Heidi sogar die Geißen und auch den Peter. Es sprang ganze Strecken voran und dann auf die Seite, denn dort funkelte es rot und da gelb und lockte Heidi auf alle Seiten. Und überall brach Heidi ganze Scharen von den Blumen und packte sie in sein Schürzchen ein, denn es wollte sie alle mit heimnehmen und ins Heu stecken in seiner Schlafkammer, dass es dort werde wie hier draußen. – So hatte der Peter heut nach allen Seiten zu gucken, und seine kugelrunden Augen, die nicht besonders schnell hin und her gingen, hatten mehr Arbeit, als der Peter gut bewältigen konnte, denn die Geißen machten es wie das Heidi: Sie liefen auch dahin und dorthin, und er musste überallhin pfeifen und rufen und seine Rute schwingen, um wieder alle die Verlaufenen zusammenzutreiben.

»Wo bist du schon wieder, Heidi?«, rief er jetzt mit ziemlich grimmiger Stimme.

»Da«, tönte es von irgendwoher zurück. Sehen konnte Peter niemand, denn Heidi saß am Boden hinter einem Hügelchen, das dicht mit duftenden Prünellen besät war; da war die ganze Luft umher so mit Wohlgeruch erfüllt, dass Heidi noch nie so Liebliches eingeatmet hatte. Es setzte sich in die Blumen hinein und zog den Duft in vollen Zügen ein.

»Komm nach!«, rief der Peter wieder. »Du musst nicht über die Felsen hinunterfallen, der Öhi hat's verboten.«

»Wo sind die Felsen?«, fragte Heidi zurück, bewegte sich aber nicht von der Stelle, denn der süße Duft strömte mit jedem Windhauch dem Kinde lieblicher entgegen.

»Dort oben, ganz oben, wir haben noch weit, drum komm jetzt! Und oben am höchsten sitzt der alte Raubvogel und krächzt.«

Das half. Augenblicklich sprang Heidi in die Höhe und rannte mit seiner Schürze voller Blumen dem Peter zu.

»Jetzt hast genug«, sagte dieser, als sie wieder zusammen weiterkletterten; »sonst bleibst du immer stecken, und wenn du alle nimmst, hat's morgen keine mehr.« Der letzte Grund leuchtete Heidi ein, und dann hatte es die Schürze schon so angefüllt, dass da wenig Platz mehr gewesen wäre, und morgen mussten auch noch da sein. So zog es nun mit dem Peter weiter, und die Geißen gingen nun alle geregelter, denn sie rochen die guten Kräuter von dem hohen Weideplatz schon von fern und strebten nun ohne Aufenthalt dahin. Der Weideplatz, wo Peter gewöhnlich Halt machte mit seinen Geißen und sein Quartier für den Tag aufschlug, lag am Fuße der hohen Felsen, die, erst noch von Gebüsch und Tannen bedeckt, zuletzt ganz kahl und schroff zum Himmel hinaufragen. An der einen Seite der Alp ziehen sich Felsenklüfte weit hinunter und der Großvater hatte Recht, davor zu warnen. Als nun dieser Punkt der Höhe erreicht war, nahm Peter seinen Sack ab und legte ihn sorgfältig in eine kleine Vertiefung des Bodens hinein, denn der Wind kam manchmal in starken Stößen dahergefahren, und den kannte Peter und wollte seine kostbare Habe nicht den Berg hinunterrollen sehen; dann streckte er sich lang und breit auf den sonnigen Weideboden hin, denn er musste sich nun von der Anstrengung des Steigens erholen.

Heidi hatte unterdessen sein Schürzchen losgemacht und schön fest zusammengerollt mit den Blumen darin zum Proviantsack in die Vertiefung hineingelegt, und nun setzte es sich neben den ausgestreckten Peter hin und schaute um sich. Das Tal lag weit unten im vollen Morgenglanz; vor sich sah Heidi ein großes, weites Schneefeld sich erheben, hoch in den dunkelblauen Himmel hinauf, und links davon stand eine ungeheure Felsenmasse, und zu jeder Seite derselben ragte ein hoher Felsenturm kahl und zackig in die Bläue hinauf und schaute von dort oben ganz ernsthaft auf das Heidi nieder. Das Kind saß mäuschenstill da und schaute ringsum, und weit umher war eine große, tiefe Stille; nur ganz sanft und leise ging der Wind über die zarten, blauen Glockenblümchen und die goldnen, strahlenden Cystusröschen, die überall herumstanden auf ihren dünnen Stängelchen und leise und fröhlich hin und her nickten. Der Peter war entschlafen nach seiner Anstrengung, und die Geißen kletterten oben an den Büschen umher. Dem Heidi war es so schön zumute wie in seinem Leben noch nie. Es trank das goldene Sonnenlicht, die frischen Lüfte, den zarten Blumenduft in sich ein und begehrte gar nichts mehr, als so dazubleiben immerzu. So verging eine gute Zeit, und Heidi hatte so oft und so lange zu den hohen Bergstöcken drüben aufgeschaut, dass es nun war, als hätten sie alle auch Gesichter bekommen und schauten ganz bekannt zu ihm hernieder, so wie gute Freunde.

Jetzt hörte Heidi über sich ein lautes, scharfes Geschrei und Krächzen ertönen, und wie es aufschaute, kreiste über ihm ein so großer Vogel, wie es nie in seinem Leben gesehen hatte, mit weit ausgebreiteten Schwingen in der Luft umher, und in großen Bogen kehrte er immer wieder zurück und krächzte laut und durchdringend über Heidis Kopf.

»Peter! Peter! Erwache!«, rief Heidi laut. »Sieh, der Raubvogel ist da, sieh! Sieh!«

Peter erhob sich auf den Ruf und schaute mit Heidi dem Vogel nach, der sich nun höher und höher hinaufschwang ins Himmelsblau und endlich über grauen Felsen verschwand.

»Wo ist er jetzt hin?«, fragte Heidi, das mit gespannter Aufmerksamkeit den Vogel verfolgt hatte.

»Heim ins Nest«, war Peters Antwort.

»Ist er dort oben daheim? Oh, wie schön so hoch oben! Warum schreit er so?«, fragte Heidi weiter.

»Weil er muss«, erklärte Peter.

»Wir wollen doch dort hinaufklettern und sehen, wo er daheim ist«, schlug Heidi vor.

»Oh! oh! oh!«, brach der Peter aus, jeden Ausruf mit verstärkter Missbilligung hervorstoßend; »wenn keine Geiß mehr dorthin kann und der Öhi gesagt hat, du dürfest nicht über die Felsen hinunterfallen.«

Jetzt begann der Peter mit einem Mal ein so gewaltiges Pfeifen und Rufen anzustimmen, dass Heidi gar nicht wusste, was begegnen sollte; aber die Geißen mussten die Töne verstehen, denn eine nach der anderen kam heruntergesprungen, und nun war die ganze Schar auf der grünen Halde versammelt, die einen fortnagend an den würzigen Halmen, die anderen hin und her rennend und die Dritten ein wenig gegeneinander stoßend mit ihren Hörnern zum Zeitvertreib. Heidi war aufgesprungen und rannte mitten unter den Geißen umher, denn das war ihm ein neuer, unbeschreiblich vergnüglicher Anblick, wie die Tierlein durcheinander sprangen und sich lustig machten, und Heidi sprang von einem zum anderen und machte mit jedem ganz persönliche Bekanntschaft, denn jedes war eine ganz besondere Erscheinung für sich und hatte seine eigenen Manieren. Unterdessen hatte Peter den Sack herbeigeholt und alle vier Stücke, die drin waren, schön auf den Boden hingelegt in ein Viereck, die großen Stücke auf Heidis Seite und die kleinen auf die seinige hin, denn er wusste genau, wie er sie erhalten hatte. Dann nahm er das Schüsselchen und melkte schöne, frische Milch hinein vom Schwänli und stellte das Schüsselchen mitten ins Viereck. Dann rief er Heidi herbei, musste aber länger rufen als nach den Geißen, denn das Kind war so in Eifer und Freude über die mannigfaltigen Sprünge und Erlustigungen seiner neuen Spielkameraden, dass es nichts sah und nichts hörte außer diesen. Aber Peter wusste sich verständlich zu machen, er rief, dass es bis in die Felsen hinaufdröhnte, und nun erschien Heidi, und die gedeckte Tafel sah so einladend aus, dass es um sie herumhüpfte vor Wohlgefallen.

»Hör auf zu hopsen, es ist Zeit zum Essen«, sagte Peter, »jetzt sitz und fang an.«

Heidi setzte sich hin. »Ist die Milch mein?«, fragte es, nochmals das schöne Viereck und den Hauptpunkt in der Mitte mit Wohlgefallen betrachtend.

»Ja«, erwiderte Peter, »und die zwei großen Stücke zum Essen sind auch dein, und wenn du ausgetrunken hast, bekommst du noch ein Schüsselchen vom Schwänli und dann komm ich.«

»Und von wem bekommst du die Milch?«, wollte Heidi wissen.

»Von meiner Geiß, von der Schnecke. Fang einmal zu essen an«, mahnte Peter wieder. Heidi fing bei seiner Milch an, und sowie es sein leeres Schüsselchen hinstellte, stand Peter auf und holte ein zweites herbei. Dazu brach Heidi ein Stück von seinem

Brot ab, und das ganze übrige Stück, das immer noch größer war, als Peters eigenes Stück gewesen, das nun schon samt Zubehör fast zu Ende war, reichte es diesem hinüber mit dem ganzen großen Brocken Käse und sagte: »Das kannst du haben, ich habe nun genug.«

Peter schaute das Heidi mit sprachloser Verwunderung an, denn noch nie in seinem Leben hätte er so sagen und etwas weggeben können. Er zögerte noch ein wenig, denn er konnte nicht recht glauben, dass es dem Heidi ernst sei; aber dieses hielt erst fest seine Stücke hin, und da Peter nicht zugriff, legte sie es ihm aufs Knie. Nun sah er, dass es ernst gemeint sei; er erfasste sein Geschenk, nickte in Dank und Zustimmung und hielt nun ein so reichliches Mittagsmahl wie noch nie in seinem Leben als Geißbub. Heidi schaute derweilen nach den Geißen aus. »Wie heißen sie alle, Peter?«, fragte es.

Das wusste dieser nun ganz genau und konnte es umso besser in seinem Kopf behalten, da er daneben wenig darin aufzubewahren hatte. Er fing also an und nannte ohne Anstoß eine nach der anderen, immer je mit dem Finger die betreffende bezeichnend. Heidi hörte mit gespannter Aufmerksamkeit der Unterweisung zu, und es währte gar nicht lange, so konnte es sie alle voneinander unterscheiden und jede bei ihrem Namen nennen, denn es hatte eine jede ihre Besonderheiten, die einem gleich im Sinne bleiben mussten; man musste nur allen genau zusehen, und das tat Heidi. Da war der große Türk mit den starken Hörnern, der wollte mit diesen immer gegen alle anderen stoßen, und die meisten liefen davon, wenn er kam, und wollten nichts von dem groben Kameraden wissen. Nur der kecke Distelfink, das schlanke, behände Geißchen, wich ihm nicht aus, sondern rannte von sich aus manchmal drei-, viermal hintereinander so rasch und tüchtig gegen ihn an, dass der große Türk öfters ganz erstaunt dastand und nicht mehr angriff, denn der Distelfink stand ganz kriegslustig vor ihm und hatte scharfe Hörnchen. Da war das kleine, weiße Schneehöppli, das immer so eindringlich und flehentlich meckerte, dass Heidi schon mehrmals zu ihm hingelaufen war und es tröstend beim Kopf genommen hatte. Auch jetzt sprang das Kind wieder hin, denn die junge, jammernde Stimme hatte eben wieder flehentlich gerufen. Heidi legte seinen Arm um den Hals des Geißleins und fragte ganz teilnehmend: »Was hast du, Schneehöppli? Warum rufst du so um Hilfe?« Das Geißlein schmiegte sich nahe und vertrauensvoll an Heidi an und war jetzt ganz still. Peter rief von seinem Sitz aus, mit einigen Unterbrechungen, denn er hatte immer noch zu beißen und zu schlucken: »Es tut so, weil die Alte nicht mehr mitkommt, sie haben sie verkauft nach Maienfeld vorgestern, nun kommt sie nicht mehr auf die Alm.«

»Wer ist die Alte?«, fragte Heidi zurück.

»Pah, seine Mutter«, war die Antwort.

»Wo ist die Großmutter?«, rief Heidi wieder.

»Hat keine.«

»Und der Großvater?«

»Hat keinen.«

»Du armes Schneehöppli du«, sagte Heidi und drückte das Tierlein zärtlich an sich. »Aber jammere jetzt nur nicht mehr so;

siehst du, ich komme nun jeden Tag mit dir, dann bist du nicht mehr so verlassen, und wenn dir etwas fehlt, kannst du nur zu mir kommen.«

Das Schneehöppli rieb ganz vergnügt seinen Kopf an Heidis Schulter und meckerte nicht mehr kläglich. Unterdessen hatte Peter sein Mittagsmahl beendet und kam nun auch wieder zu seiner Herde und zu Heidi heran, das schon wieder allerlei Betrachtungen angestellt hatte.

Weitaus die zwei schönsten und saubersten Geißen der ganzen Schar waren Schwänli und Bärli, die sich auch mit einer gewissen Vornehmheit betrugen, meistens ihre eigenen Wege gingen und besonders dem zudringlichen Türk abweisend und verächtlich begegneten. –

Die Tierchen hatten nun wieder begonnen, nach den Büschen hinaufzuklettern, und jedes hatte seine eigene Weise dabei, die einen leichtfertig über alles weg hüpfend, die anderen bedächtlich die guten Kräutlein suchend unterwegs, der Türk hier und da seine Angriffe probierend. Schwänli und Bärli kletterten hübsch und leicht hinan und fanden oben sogleich die schönsten Büsche, stellten sich geschickt daran auf und nagten sie zierlich ab. Heidi stand mit den Händen auf dem Rücken und schaute dem allen mit der größten Aufmerksamkeit zu.

»Peter«, bemerkte es jetzt zu dem wieder auf dem Boden Liegenden, »die schönsten von allen sind das Schwänli und das Bärli.«

»Weiß schon«, war die Antwort. »Der Alm-Öhi putzt und wäscht sie und gibt ihnen Salz und hat den schönsten Stall.«

Aber auf einmal sprang Peter auf und setzte in großen Sprüngen den Geißen nach, und das Heidi lief hintendrein; da musste etwas begegnet sein, es konnte da nicht zurückbleiben. Der Peter sprang durch den Geißenrudel durch der Seite der Alm zu, wo die Felsen schroff und kahl weit hinabstiegen und ein unbesonnenes Geißlein, wenn es dorthin ging, leicht hinunterstürzen und alle Beine brechen konnte. Er hatte gesehen, wie der vorwitzige Distelfink nach jener Seite hin gehüpft war, und kam noch gerade recht, denn eben sprang das Geißlein dem Rande des Abgrundes zu. Peter wollte es eben packen, da stürzte er auf den Boden und konnte nur noch im Sturze ein Bein des Tierleins erwischen und es daran festhalten. Der Distelfink meckerte voller Zorn und Überraschung, dass er so am Bein festgehalten und am Fortsetzen seines fröhlichen Streifzuges gehindert war, und strebte eigensinnig vorwärts. Der Peter schrie nach Heidi, dass es ihm beistehe, denn er konnte nicht aufstehen und riss dem Distelfink fast das Bein aus. Heidi war schon da und erkannte gleich die schlimme Lage der beiden. Es riss schnell einige wohlduftende Kräuter aus dem Boden und hielt sie dem Distelfink unter die Nase und sagte begütigend:

»Komm, komm, Distelfink, du musst auch vernünftig sein! Sieh, da kannst du hinabfallen und ein Bein brechen, das tut dir furchtbar weh.«

Das Geißlein hatte sich schnell umgewandt und dem Heidi vergnüglich die Kräuter aus der Hand gefressen. Derweilen war der Peter auf seine Füße gekommen und hatte den Distelfink an der Schnur erfasst, an welcher sein Glöckchen um den Hals gebunden war, und Heidi erfasste diese von der anderen Seite, und so führten die beiden den Ausreißer zu der friedlich weidenden Herde zurück. Als ihn aber Peter hier in Sicherheit hatte, erhob er seine Rute und wollte ihn zur Strafe tüchtig durchprügeln, und der Distelfink wich scheu zurück, denn er merkte, was begegnen sollte. Aber Heidi schrie laut auf: »Nein, Peter, nein, du musst ihn nicht schlagen, sieh, wie er sich fürchtet!«

»Er verdient's«, schnurrte Peter und wollte zuschlagen. Aber Heidi fiel ihm in den Arm und rief ganz entrüstet: »Du darfst ihm nichts tun, es tut ihm weh, lass ihn los!«

Peter schaute erstaunt auf das gebietende Heidi, dessen schwarze Augen ihn so anfunkelten, dass er unwillkürlich seine Rute niederhielt. »So kann er gehen, wenn du mir morgen wieder von deinem Käse gibst«, sagte dann der Peter nachgebend, denn eine Entschädigung wollte er haben für den Schrecken.

»Allen kannst du haben, das ganze Stück morgen und alle Tage, ich brauche ihn gar nicht«, sagte Heidi zustimmend, »und Brot gebe ich dir auch ganz viel, wie heute; aber dann darfst du den Distelfink nie, gar nie schlagen und auch das Schneehöppli nie und gar keine Geiß.«

»Es ist mir gleich«, bemerkte Peter, und das war bei ihm soviel als eine Zusage. Jetzt ließ er den Schuldigen los, und der fröhliche Distelfink sprang in hohen Sprüngen auf und davon in die Herde hinein. –

So war unvermerkt der Tag vergangen, und schon war die Sonne im Begriff, weit drüben hinter den Bergen hinabzugehen. Heidi saß wieder am Boden und schaute ganz still auf die Blauglöckchen und die Cystusröschen, die im goldenen Abendschein leuchteten, und alles Gras wurde wie golden angehaucht und die Felsen droben fingen an zu schimmern und zu funkeln, und auf einmal sprang Heidi auf und schrie: »Peter! Peter! Es brennt! Es brennt! Alle Berge brennen und der große Schnee drüben brennt und der Himmel. O sieh! Sieh! Der hohe Felsenberg ist ganz glühend! Oh, der schöne, feurige Schnee! Peter, sieh auf, sieh, das Feuer ist auch beim Raubvogel! Sieh doch die Felsen! Sieh die Tannen! Alles, alles ist im Feuer!«

»Es war immer so«, sagte jetzt der Peter gemütlich und schälte an seiner Rute fort, »aber es ist kein Feuer.«

»Was ist es denn?«, rief Heidi und sprang hierhin und dorthin, dass es überallhin sehe, denn es konnte gar nicht genug bekommen, so schön war's auf allen Seiten. »Was ist es, Peter, was ist es?«, rief Heidi wieder.

»Es kommt von selbst so«, erklärte Peter.

»O sieh, sieh«, rief Heidi in großer Aufregung, »auf einmal werden sie rosenrot! Sieh den mit dem Schnee und den mit den hohen, spitzigen Felsen! Wie heißen sie, Peter?«

»Berge heißen nicht«, erwiderte dieser.

»O wie schön, sieh den rosenroten Schnee! Oh, und an den Felsen oben sind viele, viele Rosen! Oh, nun werden sie grau! Oh! Oh! Nun ist alles ausgelöscht! Nun ist alles aus, Peter!« Und Heidi setzte sich auf den Boden und sah so verstört aus, als ginge wirklich alles zu Ende.

»Es ist morgen wieder so«, erklärte Peter. »Steh auf, nun müssen wir heim.«

Die Geißen wurden herbeigepfiffen und -gerufen und die Heimfahrt angetreten.

»Ist's alle Tage wieder so, alle Tage, wenn wir auf der Weide sind?«, fragte Heidi, begierig nach einer bejahenden Versicherung horchend, als es nun neben dem Peter die Alm hinunterstieg.

»Meistens«, gab dieser zur Antwort.

»Aber gewiss morgen wieder?«, wollte es noch wissen.

»Ja, ja, morgen schon!«, versicherte Peter.

Nun war Heidi wieder froh und es hatte so viele Eindrücke in sich aufgenommen und so viele Dinge gingen ihm im Sinn herum, dass es nun ganz stillschwieg, bis es bei der Almhütte ankam und den Großvater unter den Tannen sitzen sah, wo er auch eine Bank angebracht hatte und am Abend seine Geißen erwartete, die von dieser Seite herunterkämen. Heidi sprang gleich auf ihn zu und Schwänli und Bärli hinter ihm drein, denn die Geißen kannten ihren Herrn und ihren Stall. Der Peter rief dem Heidi nach: »Komm dann morgen wieder! Gute Nacht!« Denn es war ihm sehr daran gelegen, dass das Heidi wiederkomme.

Da rannte das Heidi schnell wieder zurück und gab dem Peter die Hand und versicherte ihm, dass es wieder mitkomme, und dann sprang es mitten in die davonziehende Herde hinein und fasste noch einmal das Schneehöppli um den Hals und sagte vertraulich: »Schlaf wohl, Schneehöppli, und denk dran, dass ich morgen wiederkomme und dass du nie mehr so jämmerlich meckern musst.«

Das Schneehöppli schaute ganz freundlich und dankbar zu Heidi auf und sprang dann fröhlich der Herde nach.

Heidi kam unter die Tannen zurück.

»O Großvater, das war so schön!«, rief es, noch bevor es bei ihm war. »Das Feuer und die Rosen am Felsen und die blauen und gelben Blumen, und sieh, was ich hier bringe!« Und damit schüttete Heidi seinen ganzen Blumenreichtum aus dem gefalteten Schürzchen vor den Großvater hin. Aber wie sahen die armen Blümchen aus! Heidi erkannte sie nicht mehr. Es war alles wie Heu, und kein einziges Kelchlein stand mehr offen.

»O Großvater, was haben sie?«, rief Heidi ganz erschrocken aus. »So waren sie nicht, warum sehen sie so aus?«

»Die wollen draußen stehen in der Sonne und nicht ins Schürzchen hinein«, sagte der Großvater.

»Dann will ich gar keine mehr mitnehmen. Aber, Großvater, warum hat der Raubvogel so gekrächzt?«, fragte Heidi nun angelegentlich.

»Jetzt gehst du ins Wasser und ich in den Stall und hole Milch, und nachher kommen wir hinein zusammen in die Hütte und essen zu Nacht, dann sag ich dir's.«

So wurde getan, und wie nun später Heidi auf seinem hohen Stuhl saß vor seinem Milchschüsselchen und der Großvater neben ihm, da kam das Kind gleich wieder mit seiner Frage: »Warum krächzt der Raubvogel so und schreit immer so herunter, Großvater?«

»Der höhnt die Leute aus dort unten, dass sie so viele zusammensitzen in den Dörfern und einander bös machen. Da höhnt er hinunter: ›Würdet ihr auseinander gehen und jedes seinen Weg und auf eine Höhe steigen wie ich, so wär's euch wohler!‹« Der Großvater sagte diese Worte fast wild, sodass dem Heidi das Gekrächz des Raubvogels dadurch noch eindrücklicher wurde in der Erinnerung.

»Warum haben die Berge keinen Namen, Großvater?«, fragte Heidi wieder.

»Die haben Namen«, erwiderte dieser, »und wenn du mir einen so beschreiben kannst, dass ich ihn kenne, so sage ich dir, wie er heißt.«

Nun beschrieb Heidi den Felsenberg mit den zwei hohen Türmen genau so, wie es ihn gesehen hatte, und der Großvater sagte wohlgefällig: »Recht so, den kenn ich, der heißt Falknis. Hast du noch einen gesehen?«

Nun beschrieb Heidi den Berg mit dem großen Schneefeld, auf dem der ganze Schnee im Feuer gestanden hatte und dann rosenrot geworden war und dann auf einmal ganz bleich und erloschen dastand.

»Den erkenn ich auch«, sagte der Großvater, »das ist die Schesaplana; so hat es dir gefallen auf der Weide?«

Nun erzählte Heidi alles vom ganzen Tage, wie schön es gewesen, und besonders von dem Feuer am Abend, und nun sollte der Großvater auch sagen, woher es gekommen war, denn der Peter hätte nichts davon gewusst.

»Siehst du«, erklärte der Großvater, »das macht die Sonne, wenn sie den Bergen gute Nacht sagt, dann wirft sie ihnen noch ihre schönsten Strahlen zu, dass sie sie nicht vergessen, bis sie am Morgen wiederkommt.«

Das gefiel dem Heidi und es konnte fast nicht erwarten, dass wieder ein Tag komme, da es hinaufkonnte auf die Weide und wieder sehen, wie die Sonne den Bergen gute Nacht sagte. Aber erst musste es nun schlafen gehen, und es schlief auch die ganze Nacht herrlich auf seinem Heulager und träumte von lauter schimmernden Bergen und roten Rosen darauf und mittendrin das Schneehöppli in fröhlichen Sprüngen.

Friedrich Nietzsche

Menschliches, Allzumenschliches

Falsche Berühmtheit. – Ich hasse jene angeblichen Naturschönheiten, welche im Grunde nur durch das Wissen, namentlich das geografische, etwas bedeuten, an sich aber dem schönheitsdurstigen Sinne dürftig bleiben: zum Beispiel die Ansicht des Montblanc von Genf aus – etwas Unbedeutendes ohne die zu Hilfe eilende Gehirnfreude des Wissens; die näheren Berge dort sind alle schöner und ausdrucksvoller – aber »lange nicht so hoch«, wie jenes absurde Wissen, zur Abschwächung, hinzufügt. Das Auge widerspricht dabei dem Wissen: wie soll es sich im Widersprechen wahrhaft freuen können!

Der Wanderer im Gebirge zu sich selber. – Es gibt sichere Anzeichen dafür, dass du vorwärts und höher hinauf gekommen bist: es ist jetzt freier und aussichtsreicher um dich als vordem, die Luft weht dich kühler, aber auch milder an – du hast ja die Torheit verlernt, Milde und Wärme zu verwechseln –, dein Gang ist lebhafter und fester geworden, Mut und Besonnenheit sind zusammen gewachsen: – aus allen diesen Gründen wird dein Weg jetzt einsamer sein dürfen und jedenfalls gefährlicher sein als dein früherer, wenn auch gewiss nicht in dem Maße, als die glauben, welche dich Wanderer vom dunstigen Tale aus auf dem Gebirge schreiten sehen.

Weg zur Gleichheit. – Einige Stunden Bergsteigens machen aus einem Schuft und einem Heiligen zwei ziemlich gleiche Geschöpfe. Die Ermüdung ist der kürzeste Weg zur *Gleichheit* und *Brüderlichkeit* – und die *Freiheit* wird endlich durch den Schlaf hinzugegeben.

Nie umsonst. – Im Gebirge der Wahrheit kletterst du nie umsonst: entweder du kommst schon heute weiter hinauf oder du übst deine Kräfte, um morgen höher steigen zu können.

Max Dauthendey

Das Parnassgebirge

Am frühen Morgen, als das Schiff kurz vor Sonnenaufgang im schattigen Wasser an der Küste entlangglitt, stand das Parnassgebirge, mit silbrigem Schneeglanz am Gipfel, morgengrau in der frischen Aprilluft. Auf diese Berge hatte ich die lange Nacht gewartet. Hier hatten die griechischen Dichter den Sitz des Dichtergottes Apollo und den Sitz der Freundinnen der Künstler, der neun Musen, hingeträumt. Und was die Künstler träumten, das glaubte ehemals ihr Volk, und es träumte es nicht bloß nach, sondern es lebte es nach. –

Der heilige Ort Delphi liegt auf der halben Berghöhe, den Blick gerichtet zum Musensitz, den Blick gerichtet zum Parnassos, zum Sitz des Dichtergottes.

In Itea, wo morgens das Schiff landete, fanden wir Maultiere und einen Führer. Und wir ritten durch den kleinen Ort, der, weltverloren, vergessen und unberührt, von keinem Reisenden besucht werden würde, wenn nicht die Anziehung der großen Reste großer Künstlerträume, die Anziehung der Ruinen Delphis, einzelne Freunde Griechenlands nach Itea bringen würde.

Außer kleinen Eidechsen am Wege und Ölbaumanpflanzungen begegneten wir, im Morgen hinreitend, nichts als Steinen. Das Klettern unserer bepackten Maultiere schien kein Ende zu nehmen. Und der alte graubärtige Führer, der den Weg in allen seinen Lebensjahren hier geklettert war, hatte uns Fremden nichts zu sagen und auch nicht seinen Tieren, die er nur mit einem Zungenschnalzen manchmal aufmunterte. So ritten wir denn in diesem Schweigen, das zwanglos und natürlich war, nicht bloß den Berg hinauf, sondern wir kamen mit den hufeklappernden Tieren und mit dem verwitterten Alten unmerklich in die Jahrhunderte zurück. In den zwei, drei Stunden, die der Ritt beanspruchte, legten wir die Wegstrecke von zwei bis dreitausend Jahren zurück, mühelos und einfach.

Auf der breiten gepflasterten heiligen Wallfahrtsstraße, am Bergabhang, bei Felsblöcken vorbei, bei Aprilwolken, die unter uns hinschwebten, waren wir dann, als das neue Dorf Kastri oben mit unscheinbaren Hütten auftauchte, längst nicht mehr in unserem Zeitalter. Und in der dünnen Bergluft schien das Blut in uns zarter und war in den Adern mehr Lebensgeist geworden als Lebensblut.

Am Wege sahen wir einige Schachte in den Felsen. »Felsengräber«, sagte der Führer. Und er zog aus seiner Tasche einen kleinen Ring aus Eisenbronze, der mit Plattgold vergoldet war. Es war ein Fingerring, den er in einem Grabe dort gefunden hatte.

Wer hatte ihn getragen? Ein Apollopriester? Oder eine der liedersingenden Frauen im Dienste des Gottes der Dichtung?

Ich kaufte dem Alten den Ring ab. Ein zweitausendjähriges Körperchen war in meine Hand gekommen, auf dem weiten Wege der Vergangenheit eine erste körperliche Begegnung mit der Vergangenheit. Und ich sah das alte Ringlein als einen Willkommgruß Delphis an.

Das Bergdorf Kastri, das da oben liegt, war erst kürzlich,

vor einigen Jahren, aufgebaut worden. Die Leute hatten früher auf entfernteren Felsen gewohnt, auf den grün umwachsenen Schutthügeln, unter denen das von verschiedentlichen Erdbeben und Bergstürzen zerstörte und verschüttete alte Delphi gelegen, ehe man die Ausgrabungen begonnen.

Wir hatten eine Empfehlung an den griechischen Vorsteher der Ausgrabungsarbeiten. In seinem Hause bekamen wir dann gegen Bezahlung Wohnung und Beköstigung wie in einem Gasthaus. Er führte uns am Nachmittag zum neuen Dorf hinaus auf der breiten heiligen Straße hin, die früher mit Tausenden von Bildsäulen geschmückt war. Die Kunstwerke waren dann von den römischen Kaisern geraubt und nach Rom und nach Byzanz fortgeschafft worden.

Nach einem Weg von zehn Minuten kamen wir an einen gewaltigen, sanft ansteigenden Berghang, und vor uns lag auf der ansteigenden Ebene, unterhalb einer mächtigen Bergwand, das neuausgegrabene ungeheure Trümmerfeld der vielen delphischen Tempelruinen. Da lagen auch aufgedeckt und gut erhalten mit ihren ansteigenden Sitzreihen die Amphitheater. Da standen noch die weißen marmornen Sessel der delphischen Priesterinnen im Theater; sie waren mit feinen weißen Löwenklauen und mit feinen kleinen Löwenköpfen geschmückt.

Der Rundtempel, in welchem die Pythia, auf dem Dreifuß sitzend, in tiefer Betäubung übersinnliche Gesichte hatte und Orakelworte sprach, war eingestürzt wie die anderen Tempel. Aber in der Mitte des guterhaltenen Tempelrundsteines starrte noch der rötliche Felsenstein aus dem weißen Marmorrund. Und da waren noch die Erdspalten phosphorgrün, aus welchen einst die Schwefeldämpfe gestiegen, die die Priesterin in den Götterschlaf versetzt hatten.

Und viele Dinge, die ich längst vergessen hatte, waren wie selbstverständlich dort noch am Leben. Da war auch noch die eisige heilige Quelle, und ihr Eishauch, aus der Felswand kommend, war noch wie vor Tausenden von Jahren belebend, und das Quellwasser tropfte auf die Steine wie flüssiger Kristall.

Da war, gut erhalten, das große Stadion, viele hundert Fuß lang, mit den Sitzreihen am Berg an der Felswand hingedehnt.

Wie muss es hier einst den jungen Kämpfern hochgemut zu Sinn gewesen sein, wenn sie mit gepflegtem Körper und gepflegtem Geist, mit leiblichem und geistigem Mut den Lorbeer Apollos errungen haben. –

Von der Höhe des Stadions hat man bergabwärts einen vollständigen Überblick über das ungeheure, von silbrig weißen und bläulich grauen Steinmassen dicht bedeckte Trümmerfeld, welches vom alten Delphi einen immer noch gewaltigen Eindruck gibt.

Man stelle sich im bayrischen Gebirge, vielleicht bei Partenkirchen oder Mittenwald, auf einer mehrere Kilometer großen, hoch gelegenen Bergmatte eine eingestürzte Tempel- und Theaterwelt vor. Nirgends sind Städte oder Dörfer rund um diese Bergeinsamkeit sichtbar, nur die Wolken des Himmels steigen aus den Schluchten auf, am Rande dieser verlassenen Trümmerwelt. So einsam, weltentrückt liegt Delphi. Nur aus einem Taleinschnitt blinkt in der Tiefe, wie eine große Silberbarre, ein Stück des Meeres aus den Abgründen herauf. Vor den fernen und vor den nahen Bergen stehen Wolken wie weiße Marmorrampen und lassen über sich neue Berghöhen im Himmel erscheinen. Höhen, die, von der Erde durch Wolkenfelder abgeschnitten, im Sonnenhimmel wie Erdinseln schweben. Aber die Stufen der Luftrampen der Wolken verschieben sich langsam, und die Nähe verschwindet, und neue unsichtbar gewesene Berge enthüllen sich, wie herbeigetragen auf neuen Wolkenfeldern. Unmögliches und Wirkliches arbeitet in der Höhe um Delphi vor dem Menschenauge. Erdstreifen werden zu Himmeln, und Luftreiche werden Erdreiche.

Aus dem großen Bergschlund, in welchen die Delphimatte am Rande des Ruinenfeldes, zwischen Ölbaumwäldern, Kastanien, Platanen, Eichen und Birken abstürzt, aus diesem dunkelgrünen Abgrundkessel ziehen die Wolken in Ballen wie ein gärender Urschaum weiß aus dem Talschlund.

Diesen Abgrund nannten die Griechen einst den Nabel der Erde. Hier, sagten sie, hing einst die Erde bei ihrer Geburt mit dem Mutterleib des Himmels eng zusammen, und hier am Rande des Nabels der Erde war deshalb den Menschen das Mutterweltall näher als irgendwo auf der Erde.

Ich konnte mir beim Anblick der sich immer verwandelnden, die Berge verzaubernden und die Berge erscheinen lassenden dampfenden Wolkenwelt gut vorstellen, dass hier das Volk sich einst fortgerückt fühlte, und dass es sich bei den Wolkenstufen fernen Leben, fernen Zukunftsdingen nahefühlen musste.

Denn das auf- und niederwogende Wolkenheer, in welchem unsichtbare Hände zu arbeiten scheinen, wie Hände von tausend

Künstlern, die da im Himmel Heerscharen von schimmernden Kunstwerken gestalten, dieses immer arbeitende Gewölk um Delphi entzückte die phantasievollen Griechen so sehr, dass sie weiße Massen Marmor über Marmor jahrelang herbeischleppten, und dass sie silberweiße Tempel und Schatzhäuser und silberweiße Amphitheater und die silberweiß gepflasterte, breite, heilige Straße auf dem Meilenfeld des Bergabhangs wie ein weißes Wolkenfeld entstehen ließen.

Nur die Erdbeben und die herabstürzenden Bergwände und die Raubgier fremder Eroberer konnten die ragenden weißen Tempel und diese leuchtenden Tempelstraßen in ein Trümmerfeld verwandeln, das jetzt hell aufgelöst vor mir lag wie ein Bergnebel, der sich verflüchten wollte.

Ich fand da Säulenreihen, die sahen von der Höhe des Stadions wie Reihen hingezählter Mühlsteine aus. Denn die Säulen jener Tempel waren nicht aus einem langen Stein gebildet, sondern aus Rundsteinen, die ähnlich wie Münzen aufgebrochener Geldrollen, jetzt nach dem Umstürzen auseinandergerollt waren. Säulen, die zwei Männer kaum umfassen könnten, lagen zu Dutzenden auf den Treppen und auf den entblößten, noch schön geglätteten Steinfußböden der einstigen Tempelhallen.

Der Glaube an den Gott der Dichtung, an Apollo und an die neun Musen hatte hier Tausende von Händen von Geschlecht zu Geschlecht bei atemloser Arbeit rege gehalten. Der Glaube an die Notwendigkeit der Dichtungskraft, Glaube an die menschenfreundlichste Kunst und an die erhebendste Lust schuf diese Marmorbauten.

Keinem anderen Gotte als dem der Dichtkunst hatte man in dem griechischen Lande eine so mächtige Stätte bereitet, eine Stätte weltfern und himmelnah, bei den Füßen der Wolken, bei den Füßen der Sonne, bei den Wangen des Äthers und beim Nabel der Erde.

Herrlicher als alle Tempel und Theater, herrlicher als die dreißigtausend Bildsäulen, die Delphi geschmückt haben sollen, war hier in Delphi auf der Berghöhe für die Menschen die Himmelsnähe gewesen, und die Erdtiefe, die sich ins Unbegrenzte, ins innere und äußere Leben der Welt, dem Menschenherzen zu öffnen schienen.

Diese Bergmatte, die zweitausend Fuß über dem Meere liegt und hinter der das Parnassgebirge noch viele tausend Fuß höher mit senkrechten Bergwänden ansteigt, sie horcht wie eine gewaltige Muschel zum Himmel, als horche hier ein ungeheures Ohr zu den fernen Planeten und Sonnen.

Die nahe graue Silbermasse des getürmten Parnassgebirges konnte den Gebeten und den Inbrünsten der Pilger ein inneres Echo geben. Diese sonnenbeleuchtete hohe Gesteinswelt führt den Blick zu überirdischen Festigkeiten und gab den Herzen der Delphiwallfahrer Vertrauen auf die jedem Leben eigenen überirdischen Kräfte.

Das Menschenherz, das auf der Höhe in Delphi schneller schlug und in der klaren Luft leichter atmete, kam sich unbebürdet vor und war, den Verwandlungen der Wolken nachträumend, eigenen Verwandlungen, Kräftigungen und Lebensstärkungen leichter zugänglich.

Und die Augen der Menschen, die einst hier zwischen tausend marmornen Kunstwerken wandeln durften, und die Ohren, die die feierliche Musik der Apollohymne – deren Text man, auf Steinen eingegraben, vor kurzem erst wiedergefunden hatte – genießen durften, diese Augen und Ohren fühlten sich unwillkürlich glücklich. Frieden und Schönheit, von Künstlern geschaffen, walteten einst hier und wurden vom Landschaftshintergrund ins Unendliche gesteigert.

Die Wanderer, die einst auf den heiligen Tempelstraßen von Unwirklichkeit erfüllt und erschüttert wurden, stärkten hier beim Sitz der neun Musen ihr Herz, das mit Sorgen der Endlichkeit gekommen war. Und von Apollo verwandelt und verwandelt von der Hoheit der neun Kunstfreundinnen, kamen die Menschen zurück von Delphi, als stiegen sie verjüngt und bürdelos vom Himmel nieder zu ihren Menschengeschäften zurück.

So können Kunst und Natur gewaltig trostreich und lebensbestärkend Menschen und ganze Völker innerlich erhöhen.

Wilhelm Busch

Ferne Berge seh ich glühen!

Ferne Berge seh ich glühen!
Unruhvoller Wandersinn!
Morgen will ich weiterziehen,
Weiß der Teufel, wohin?

Ja ich will mich nur bereiten,
Will – was hält mich nur zurück?
Nichts wie dumme Kleinigkeiten!
Zum Exempel, Dein Blick!

Carl Spitzweg

Berg und Tal

Erst auf den höchsten Zinnen,
Die mühsam du erklommst,
Wird's hell in deinen Sinnen,
Dem Himmel näher kommst!

Willst du ein Weilchen selig sein,
So leg dich auf den Bauch
Dort in die nächste Wiese 'nein,
Inmitt' der Blumen Hauch!

So bist der Gottheit näher,
Das Herz, es schlägt dir froh:
Nur meide nahe Späher,
Die finden so was roh!

Ferdinand Avenarius

Am Gletscher

Spielender Schmetterling,
Der drunten scheu vor meinem Blick entschwand,
Du küssest hier den Strauß in meiner Hand.

Leuchtendes Edelweiß,
Du trinkst der Sonne volle Tagespracht
Und wandelst sie zum Silberlicht der Nacht.

Schmelzendes Gletschereis,
Dem Felsenrande deines Baches weiht
Die schönste Blume jede Jahreszeit.

Herrliche Alpenwelt,
Die nur auf Stunden Zutritt je verlieh,
Birgst du allein der Erde Harmonie?

Richard Dehmel

Ein Bergführer

Ich kann ein Bergsteiger werden,
der die andern alle führt.
Pfade, wo nie ein Schritt erklang:
wer hat sie aufgespürt?
Das tat meine Herzenslust!

Die treibt mich hin zu den Gipfeln,
über Schnee, durch Wetterschlag,
am Sturzbach hin, am Gletscherrand,
hinauf! Nun klettert nach,
ihr andern Wagehälse!

Mir nach mit glühendem Herzen,
hinauf ins freie Eis!
Wer stürzt, den schmückt im Paradies
die Blume Edelweiß!
Kommt! jauchzend grüß ich euch.

Aber am liebsten steh ich
hoch oben ganz allein,
mitten im stillen Himmelskreis,
und höre die Adler schrein:
grüß Gott, du kleiner Held!

Volkslied aus Kärnten

In die Berg bin i gern

In die Berg bin i gern
Und da gfreut si mei Gmüat
Wo die Almröserln wachs'n
und der Enzian blüaht

Und der Schnee geht bald weg
Und es wird wieder scheen
Und hiazt wer i bald wieda
auf die Alm aufi gehn

Mei Freid san die Küah
und die Berg und die Bam
Ja dort auf der Alma
ist der Frieden daham

Ludwig Fulda

Über den Brenner

Der Himmel hatte keinen Reiz gespart,
In goldner Frühlingsahnung lag die Weite;
Ich aber seufzte nur die ganze Fahrt:
O wäre doch mein Lieb an meiner Seite!

Die Berge ragten heiter in das Blau,
Mit klarem Schnee bedeckt die stolzen Zinnen;
Nur ich beharrte, mich ins Nebelgrau
Von Herzeleid und Sehnsucht einzuspinnen.

Was schmückst du dich, erwachende Natur?
Für wen, ihr Blümlein, eilet ihr zu sprießen?
Dies alles, alles gönn' ich einer nur,
Und nur mit einer mag ich's noch genießen.

Peter Altenberg

Dolomiten

Ich hatte mein ganzes Leben lang von den *Dolomiten* gehört, einem »Märchen der Natur«. Nun kam ich, per Auto, halb 8 Uhr abends, 11. August, in Toblach an. Eine riesige, ungepflegte, ja verwahrloste Bergwiese, die ein feenhafter Berggarten leicht hätte sein können. Ich ging ein paar Schritte die Fahrstraße entlang, die ins Gebirge, Monte Cristallo, führt. Ich sah in die weiße Waldstraße hinein und war ganz ergriffen. Jahrelang im »Café Central«, Ecke Herrengasse-Strauchgasse, und nun am Eingang in die »Dolomiten«! Ich sah Wälder im Abendschatten und in der Ferne einen leuchtenden riesigen Felsen. Ich kehrte zurück und dachte mir die riesige, schrecklich ungepflegte Bergwiese vor dem Riesenhotel bewachsen mit Zirbelkiefer, Rhododendron, Speik, so ein botanischer Berggarten, mit Murmeltieren und Schneehasen. Aber Toblach begnügt sich, ein »Eingang« zu sein, und selbst die Geschäftsläden erinnern an »Praterbuden«. Nur irgendwo sah ich in einer Ansichtskartenbude eine 14-jährige Verkäuferin. Ich blickte sie an: »Du, du allein passt in diesen Dolomiten-Märchen-Eingang!« Da ich den schönen grauen Gems-Kaiser-Lodenhut auf hatte und sehr gebräunt war, blickte sie mich freudig-erstaunt an. Ich wollte etwas sagen, das heißt, ich wollte eben gar nichts sagen, aber als die Ansichtskartengeschäfte abgewickelt waren, blickte ich sie noch immer gerührt an. Sie sagte auch nichts, aber sie spürte ihre Wirkung auf mich.

Es war nicht sehr lange, und doch vielleicht oder wahrscheinlich eine besondere Welt, die nie nie mehr wiedererstehen wird. Es ging nicht an, sie länger anzublicken. Und infolgedessen ging ich. Ich lüftete nicht den Hut, damit sie nicht sehe, dass ich kahlköpfig sei; denn ich musste auf ihre Träumereien Rücksicht nehmen, dass ein verhältnismäßig apart aussehender Herr sie beim Ansichtskartenkaufe liebevollst angeblickt hatte –. So wie wenn er ihr Glück wünschte zu ihrem künftigen Schicksale und sie getreulich segnete mit seinen Augen. Sie hat gewiss niemand davon erzählt, was gäb' es auch darüber zu erzählen?! Und doch blieb es in ihr. Und doch wird sie, unmittelbar vor einem ersten Kuss der Jugendsinne fühlen: »Nein! Ich sehe nicht auf deinem Antlitz, Mann, den Zug von Rührung, den der fremde Herr mit dem grauen Gemsjagd-Kaiser-Lodenhute damals hatte – – –.« Am nächsten Morgen ging es nach Cortina. Rotgraue Bergwelt, sei bedankt, gesegnet! Es türmt sich auf, lichtgrau und rosig, es wächst ins Himmelblau hinein und überall ist Friede – – –.

Theodor Wundt

Ich und die Berge

Die Dolomiten hatten mir es so angetan, dass ich mich schon an Weihnachten wieder unter ihnen befand. Die Reise galt den Ampezzaner Dolomiten und wurde wohl meine ereignisreichste Wintertour. Wir folgen dabei am besten meinem Tagebuch.

Dreizinnenhütte, 27. Dezember 1892

Hei, wie das wild ist hier oben und schaurig! Eine völlige Polarlandschaft. Eis, nichts als Eis und nackter Fels, der sich gegen die kalte Umarmung wehrt, wie klein und verlassen die Hütte dasteht! Und doch hält sie den Elementen stand. Menschenwerk, kleines trauriges Menschenwerk, aber Sinn liegt drin und Verstand und ein gutes Stück Trotz. Seht nur her ihr unförmigen Kolosse, hier stehe ich, ein Hüttlein, klein und unscheinbar! Aber was könnt ihr ungeschlachten Riesen mir anhaben? Hier in meinem Innern ruht die Macht und die Kraft und der Sieg über euch alle, versucht es nur, euch aufzulehnen! Man wird den Fuß auf eure Häupter setzen, und ihr habt es zu erdulden. Der Tod ist euer Los und ewiges dumpfes Schweigen.

Wir sind heut spät weggekommen von Sexten, mit den üblichen Sprüchen. »Sie gelt, schauen's zue, dass nix passiert! wissen's im Winter san die Berge halt wieder ganz anders als im Sommer.« Und wie entsetzt die Leute heraussahen aus den kleinen

Fenstern, als ging's direkt ins Jenseits! Leb wohl, du nettes eingeschneites Dörfchen mit den behaglich rauchenden Kaminen! Lebt wohl, ihr verschneiten Tannen und Wälder! Wir wollen höher hinaus. Wie kalt es ist! Der harte Schnee knirscht ordentlich unter den Füßen, ein eisiger Duft liegt über dem Tal, und der Bach hat sich in eine Dunstwolke gehüllt, die langsam in die Höhe dampft.

Anfangs kommen wir rüstig vorwärts, dann aber verschwindet der Weg. Immer tiefer sinkt der Fuß in den Schnee, und immer schwerer drückt die Last auf dem Rücken. Da sind wir endlich! Wer wir? Mein Freund Michele Bettega, Johann Watschinger aus Sexten und meine Wenigkeit. Michele habe ich extra aus San Martino kommen lassen. Ich weiß, was ich an ihm habe. Nun, auch Watschinger ist ein stämmiger Gesell, der seinen Mann schon stellen wird. Auch spricht er nur Deutsch, Michele aber nur Italienisch. Jetzt bin ich der alleinige Dolmetscher ihrer Gefühle und damit unumschränkter Herr.

Wie unsagbar gewaltig und eisig die Drei Zinnen auf unser Hüttlein herabsehen! Nun umso gemütlicher ist es hier drinnen an dem flackernden Feuer. Was für ein spaßiger Kauz dieser Michele ist! Er hat sich Polenta gekocht und macht jetzt eine große Kugel daraus. Er verzehrt sie mit Hochgenuss zusammen mit einem Peitschenstecken. Steinhart ist dieses Stück Wurst, das er sich auch noch am Feuer geröstet hat, und schwarz wie die Nacht, wie die Polentakugel in seiner Hand. Wohl bekomm's!

Was wir wohl morgen unternehmen werden? Ich werde

mich hüten, meine Pläne auszukramen. Sonst gibt's ja doch nur Schwierigkeiten.

Draußen ist die Nacht wunderbar. Der Mond scheint über die weiten Schneefelder hinweg, die Wolken ziehen, und stumm stehen dort die riesenhaften Zinnen. Wie drohende Wächter.

Dreizinnenhütte, 28. Dezember

Wir haben uns auf die Große Zinne geeinigt. Sie konnte schließlich bezwungen werden. Im Stillen ist mir ja auch die Kleine durch den Kopf gegangen, aber wie sollte das möglich sein, jetzt zur Winterszeit!

Wir sind um 7 Uhr aufgebrochen, zwischen Tag und Dunkel. Langsam verschwinden die Sterne, ein goldener Schein legt sich über die Schneeriesen und die Felsen flimmern. Man meint, es sei Tag, aber es ist eine Täuschung. Immer heller wird's und heller, die eisigen Hänge glühen, und der düstere Himmel wird blau. Da plötzlich ein Flämmlein an der höchsten Spitze der Zinnen! Es ist Sonnenlicht. Wie eine Welle schreitet es herab, an den eisigen Hängen, und eh' wir's uns versehen, ist es Tag. Und doch ist es nicht jene strahlende Sonne, die den Erdball belebt. Kalt starrt ihr das Leichentuch entgegen, eisig, wohin sie blickt, und sie vermag es nicht zu durchdringen, noch zu erwärmen. So setzt sie teilnahmslos ihren Weg fort, ein feurig roter Ball in der frostigen Umarmung der Atmosphäre.

Wir haben den Fuß der Kleinen Zinne umgangen und wenden uns dem Sattel zu, der sie von der Großen trennt. Bald führt dann eine Schneerinne nach links in die Höhe und wir sinken bis um die Hüften ein. Dann kommt eine Kletterei durch enge, beinahe senkrechte Kamine. Sie ist recht schlimm, denn eine fürchterliche Kälte herrscht da drinnen. Haufenweise ist der Schnee aufgestaut und mannshohe Zapfen hängen von den steilen Wänden herab, ein geradezu arktisches Bild. Ob wir wohl hinaufkommen durch jenes finstre Loch, das so eng ist, dass man schon im Sommer hindurchkriechen muss? Ganze Lasten von Schnee wälzen wir in die Tiefe und doch umfängt uns völlig die eisige Umarmung. Aber wir ringen uns durch, schweißtriefend trotz aller Kälte.

Endlich erreichen wir ein kleines Plateau, und die Sonne scheint uns wieder. Hurra! Und da ist ja die Kleine Zinne, meine geliebte Kleine Zinne! Einen Stein könnte man hinüberwerfen, so nah steht sie da. Welch mächtiger, ungeheuerlicher Turm! Und wir sind schon höher und sehen über den Berg hinweg. Dazu diese Polarlandschaft ringsum! Es ist einfach überwältigend! – Wie wär's, wenn ich es nun doch mit der Kleinen Zinne versuchte? Immer wieder schießt mir der Gedanke durch den Kopf und lässt mich nicht mehr los, wie eine alte Liebe. Doch vorwärts, sonst frieren wir noch an! Hurra, wir sind oben! Unter einem Stein ist das Ersteigerbuch in einer Blechkapsel. Heraus damit! »Morgen wird die Kleine Zinne bestiegen!« Dies meine Inschrift. Es war das erste, an was ich dort oben dachte.

Wie gewaltig dieser Gipfel ist! Mächtige Felsblöcke türmen sich übereinander auf, und tief verschneite Schluchten ziehen sich durch das morsche Gestein, wie wir da herumkletterten, bis wir endlich wieder Abschied nahmen!

Da ist ja die Kleine Zinne wieder, unnahbar steil! Und da will ich hinauf, in dieser fürchterlichen Kälte? Die Hände werden mir wegfrieren. Nein, das ist ja ganz ausgeschlossen! Und droben steht es jetzt in dem Buch, schwarz auf weiß. Man wird mich auslachen als Renommisten.

Beim Heimweg zur Hütte gingen wir direkt über die Scharte zwischen den beiden Bergen. Eine steile, vereiste Rinne führte von da hinab. Der Sturz meines Begleiters in den Cadinen fiel mir ein, als ich so zagend auf der Höhe stand und nicht recht wusste, wie die Sache angreifen. Ach was, ein tüchtiger Satz und den Pickel fest eingestemmt! Eins, zwei, drei, es geht wie der Sturmwind.

Wenn ich nur das dumme Zeug nicht in das Buch dort oben geschrieben hätte! Es war so unnötig. Diese Blamage, wenn nichts draus wird! Aber halt! Schließlich gehe ich eben wieder hinauf und reiße die Seite heraus.

Albergo Misurina, 29. Dezember

Da sitzen wir in der Küche am Feuer um den großen Kessel herum und wärmen uns seelenvergnügt. Er wird mir unvergesslich bleiben, dieser Wintertag an der Kleinen Zinne.

Wieder bin ich bangend dort oben gestanden in der Nische unter dem Gipfel und habe hinaufgeblickt in der schmalen senkrechten Schlucht, die noch überwunden werden musste. Diesmal bei einer Kälte von 20 Grad. Wir hatten wahrlich schon genug zu tun gehabt, um bis dahin zu gelangen, an dem eisigen Gestein herauf. Und jetzt soll die Hauptsache erst losgehen!

Michele hat den Berg noch nie bestiegen, wie wird er's angreifen, wird es gelingen? – Aber was ist denn das? Er zieht sich Rock und Stiefel aus, bei dieser Kälte! Nun ja, er will unbehindert sein, und die Strümpfe kleben besser an den Felsen als die ungelenken, vereisten Stiefel. Er fängt zu klettern an, und es herrscht Todesstille, langsam schiebt und zieht und windet er sich in die Höhe. Oft versagen die eisig glatten Griffe und Tritte ganz, und er muss sich gewaltsam zu beiden Seiten der engen Felsschlucht anstemmen. Jetzt kommt er an die schwierige Stelle unter dem überhängenden Block. Wenn er da den Halt verliert, dann ist's sicher aus mit ihm. Wie er sich abmüht und vorsichtig das glatte Gestein abtastet! Aber es geht ja, Hurra, er ist oben auf dem Block! Jetzt bin also ich an die Reihe. Es ist natürlich unermesslich viel leichter als für ihn und ein paarmal baumele ich eben am Seil. Was hat das weiter zu sagen!

So stehen wir also wieder beisammen auf dem Block, zitternd vor Kälte. Die senkrechte Rinne, die vollends hinaufführt, ist stark vereist und dem Gestein nicht zu trauen, aber die Gipfelkrankheit hat uns mächtig erfasst, die große Passion, bei der es kein Besinnen gibt, und ehe wir's uns versehen, sind wir auf dem kleinen, schneebedeckten Plateau. Triumphierend blicke ich hinaus über die weite Schneelandschaft mit ihren fantastischen Zackengebilden ringsum, warum soll ich mich darüber nicht freuen! – Aber was macht denn Michele, ist er verrückt geworden? Wie ein Besessener stampft er die Füße in den Schnee, schlägt sich die Arme um den Leib herum und flucht, wie nur ein Italiener fluchen kann! Freilich, es ist so eine Sache, im Dezember 2881 m hoch zu sein, ohne Rock und Stiefel! Es ist ja nicht nett von mir, aber ich habe geheult vor Lachen. Dieser wilde, halbnackte Kerl mit dem langen, fliegenden Haar, dem struppigen schwarzen Vollbart, den lodernden Augen und rasenden Gesten hier oben in der eisigen Bergeseinsamkeit! Wie ein tobender Berggeist kam er mir vor.

Und nun sitzen wir hier behaglich ums Feuer, nachdem wir allerdings noch manches ausgestanden. Ein bekannter Bergsteiger sagte einmal, am schwersten sei ihm bei der Besteigung der Zinnen der Rückweg nach Misurina geworden. So ging's auch uns. Je weiter wir herunter kamen in das Tal, umso tiefer wurde der Schnee, sodass wir uns schließlich beinahe die Seele herausgekeucht haben. Nun jetzt geht's ja wieder besser.

»Hallo, noch eine Flasche Asti! – Und jetzt noch eine! – Und noch eine! Wir haben's verdient.«

Harry Graf Kessler

Besteigung des Popocatepetl, 14./15. November 1896

Um acht Uhr früh nach Amecameca abgefahren, von wo aus der Vulkan am leichtesten zu besteigen ist. Der Sekundärbahnzug hält an jeder Station zwischen fünf und fünfundzwanzig Minuten; während dieser Zeit gehen die Reisenden im Schatten Korso; an den Coupéfenstern wird geflirtet; ganze Familien kommen vom Lande herein, um durchreisende Bekannte zu besuchen; und im Innern der Wagen, die nach Art der D-Züge ineinandergehen, bieten Hökerinnen Milch und Knoblauchkuchen feil. An jeder Haltestelle genießt man dasselbe Schauspiel und denselben Geruch. Unter diesen Umständen haben wir uns auf der zweistündigen Fahrt von Mexico nach Amecameca um eine Stunde verspätet. In Amecameca dagegen ging alles unverhofft schnell, dank den Briefen, die mir der General O., dem der Popocatepetl gehört, an seine Beamten mitgegeben hatte. Nach zwei Stunden, gegen ein Uhr, ritten wir durch das andere Ende des kleinen, von klaren Gebirgsbächen durchströmten Ortes gletscherbereit hinaus, im ganzen fünf Mann; ich, zwei Führer, ein Pferdehalter und ein Mestize, der sich aus nicht zu erforschenden Gründen, vielleicht als Koch, angeschlossen hat. Die beiden Führer und der Pferdehalter sind Vollblutindianer.

Der Weg steigt zuerst zwischen Kulturen leise an; rechts und links sind Korn- und Weizenfelder, die sich in großen Teppichstücken zwischen den bewaldeten Gebirgshängen ausstrecken;

oben lagern heute auf den Bergen Nebelmassen, die die Schneespitzen verhüllen; die Gegend gleicht bis auf die braunen Feldarbeiter und die Kaktushecken dem Tal von Innsbruck.

Nach anderthalb Stunden hört die Straße auf. Steil geht es durch trockene Flussläufe und Felsenschluchten aufwärts. Unter uns senkt sich allmählich das Tal. Von Zeit zu Zeit begegnen uns noch Züge von Packtieren, dahinter die Treiber barfuß in Poncho und Spitzhut. Der Wald fängt an, nordisch zu werden; die Kiefer verdrängt die anderen Bäume, und am Boden wachsen deutsche Waldblumen.

Als wir etwa elftausend Fuß hoch sind, bricht die Dunkelheit herein. Hier beginnen die Grasmatten; Kühe, großgehörnte Prachttiere, weiden da jahraus, jahrein im Freien. Von unserem Zuge aufgescheucht, sprengen sie im Mondlicht wie großes Wild in Rudeln davon. Und jetzt schimmern über uns plötzlich durch Wolkenrisse Schneehänge.

Dreizehntausend Fuß hoch in einem Gebirgstal liegt der Rancho des Generals O., in dem wir übernachten sollen, drei dicht aneinandergelehnte Bretterhütten, die plötzlich inmitten einer Wüstenei von umgehauenen und halb verkohlten Kiefernstämmen im Helldunkel vor uns auftauchen. In der einen sind Reste eines Stalles und einer Krippe. In der anderen dicht daneben sollen wir schlafen. Mitten im Raume, im niedrigen, kreisrunden Herd, wird auf dem Erdboden mit feuchtem, knatterndem Reisig Feuer angelegt. Die Decke läuft spitz zu und empfängt nur unten an den Seiten den Feuerschein; in der Mitte steigt sie in die Dunkelheit auf. An der vom Berge geschützten Wand des Raumes liegt noch eine alte, verfilzte Streu. Der Rauch zieht, so gut er kann, durch die offene Tür oder durch undichte Stellen der Decke ab. Um das Feuer hocken schweigend meine vier Rothäute. Es ist Biwakstimmung, aber unter welchen Gestalten!

Bald nach dem Abendbrot wird die Streu mit Mänteln belegt; die Indianer wickeln sich in ihre Zarapes und schlafen ein. Allmählich verlischt das Feuer, und nur ein Mondstrahl, der durch eine Öffnung im Dache dringt, erhellt schwach noch den Herd und eine in ihren Mantel gehüllt dahingestreckte regelmäßig atmende Gestalt. Mich aber verfolgt im halben Wachen wie ein Fiebertraum von Stunde zu Stunde das Geräusch der jenseits der Bretterwand kauenden und mit ihren Halftern an die Krippen schlagenden Pferde …

Endlich gegen zwei Uhr wird zum Abmarsch aufgestanden. Die Nacht ist vollkommen still und klar. Der Himmel senkt sich sternenfunkelnd in die Ebene hinab. Der Vulkan ragt dunkel und riesenhaft in seine Klarheit hinauf; die Aschenwände unten verschwimmen in Finsternis; oben aber leuchten Eisfelder im tropischen Glanz der Nacht wie weiße, von Sternen beschienene Wolkenstreifen. Der Weg führt über Gras und Bimssteingeröll aufwärts durch Nadelwald. Eine leichte Brise bewegt die Kiefernwipfel vor den Sternen auf und ab. Dann werden die Stämme lichter und hören ganz auf. Heide und Bimssteinfelder wechseln ab. Kleine, nicht zusammenhängende Schneestücke gehen allmählich in ein großes Schneefeld über. Wir steigen in kurzen Zickzacklinien schnell aufwärts; bald erscheint der Wald schon weit unten wie eine tiefschwarze lichtlose Fläche, die das grauere Dunkel der Heide finster begrenzt. Über uns wächst allmählich der Berg an Masse; jetzt sind sein dunkler Umriss und das Himmelsgewölbe ringsum die ganze Landschaft. Je höher wir kommen, um so breiter wird die finstere Form, und umso weiter auch entfaltet sich des Himmels Pracht; neue Sternbilder steigen aus der Tiefe auf, und die alten stehen am Himmelsabgrund uns gegenüber wie an einer schwarzen Wand. Wir sind am Fuß des Vulkankegels selbst angelangt; der Abhang wird steil, fünfundvierzig Grad; große Basaltblöcke lagern im Schnee, die, von oben herabgerollt, hier, wo der Fallwinkel flacher wird, liegen geblieben sind. Höher hinauf ragen Aschengrate aus dem Schnee empor. Schwefeldampf quillt aus den Klüften herauf und schwebt niedrig über dem Boden fort. Es ist gegen sechs Uhr. Nur einzelne Sterne glitzern noch. In der Dämmerung fangen entfernte Bergketten an, sich am Himmel unter uns abzuzeichnen; über ihnen lagern im Osten vor der wachsenden Helligkeit schwarze Wolkenstreifen; und unten wird das Wolkenmeer sichtbar, das, wie im Sturme durcheinandergepeitscht, die Täler füllt und die Vorgebirge umfließt. Wir sind sechzehntausendfünfhundert Fuß hoch; noch dreihundert Meter unter dem Kraterrande. Die Luft ist kalt und klar und dünn. Man hört den Schlag des eigenen Herzens ganz scharf in der großen Stille. Und jetzt will die Sonne aufgehen. Das Weltenweihefest beginnt. In den Tälern regt sichs, und vom Nebelmeer lösen sich Wolkenzüge und schweben an Abgründen aufwärts; Dunstschleier schwinden von nahen Bergen, und darunter erscheinen die Matten schon nebelhaft grün; Strahlen brechen aus den östlichen Tiefen weißflimmernd hervor und stehen am Himmel wie Unterpfande des kommenden Lichts: Himmel und Erde sind künftige Farbe, schweigendes Werden. Da leuchtet das Eis am Kraterrand auf; und im selben Augenblick rollt das Licht wie ein Mantel an den Hängen des Berges herunter; am Erdenrande erscheint der Sonnenball. Die See, der er entsteigt, schwebt wie ferner Rauch bläulich durchsichtig in der schimmernden Rundung des Horizontes. Der Himmel erfüllt ganz das Auge wie auf dem Meer und der Ebene; nur größer als dort; flammender, runder. Von allen Seiten umgibt er uns hier, umstrahlt und kupferglühend im Morgenrot; die Sonne umkreist uns, und unter uns liegt das Erdenrund im Himmelsblau wie ein zweites Gestirn.

Von diesem Augenblick ab wandelt sich mir, was ich erlebe, in eine Art von Traum. Mechanisch schleppen sich meine Glieder noch über Schnee und Eisstufen aufwärts bis an den Kraterrand; der Wille aber versinkt allmählich in traumartige Schwäche; und den ganzen Körper erfüllt ein Gefühl, das einer langsam sich verdichtenden Umwölkung der Sinne gleicht. Zugleich beginnen anstelle der Bilder der Außenwelt die inneren Körpervorgänge sich immer deutlicher der Wahrnehmung aufzudrängen; das Herz, der Pulsschlag, das eigene Licht des Auges, das vor der Retina flimmert. Ich erinnere mich jetzt deutlich des Gebirges, das, von diesen Höhen gesehen, wie eine wellige Ebene unter uns ausgebreitet lag; ich sehe den Krater mit seinen riesenhaft aufgetürmten roten Basaltwänden und empfinde noch das Alptraumartige des Augenblicks, da wir zur Talfahrt auf einer als Bockschlitten dienenden Matte in die fast senkrecht unter uns liegenden weißen Nebelmassen absausten; aber die Erinnerungen sind nicht wie die, die man an wachend Erlebtes hat, sondern wie die, die ein deutlicher Traum hinterlässt. Die Abkehr der Sinne von der Außenwelt kann nur Schein sein; denn sonst würden diese Bilder, die damals nicht empfunden wurden, auch nicht im Gedächtnis haften. Aber die Aufmerksamkeit hört in diesen Höhen offenbar auf, sich den äußeren Dingen zuzuwenden; und so versinken deren Eindrücke anscheinend spurlos, wie Regentropfen in stille Gewässer. Es wäre von Interesse, die körperlichen Zustände, vor allem die des Gehirns, genau zu kennen, die diesen Veränderungen des Seelenlebens in großen Höhen entsprechen; zum Beispiel, zu wissen, ob die Veränderung der Herztätigkeit Ursache oder, wie die scheinbare Verdunkelung der Sinne, Folge der Willensschwäche ist; die Untersuchung würde einiges Licht auf die so ähnlichen visionären Zustände werfen, bei denen wahrscheinlich bloß noch eine Umdeutung der inneren Vorgänge durch die Phantasie zu den auch die Höhenkrankheit begleitenden Symptomen hinzutritt, und manche Erscheinungen des künstlerischen und dekadenten Schaffens erhellen.

Heute Nachmittag haben wir in kaum drei Stunden im Laufschritt, meistens zu Fuß, die Pferde vor uns hertreibend, den Abstieg von zweitausend Metern vom Rancho bis nach Amecameca zurückgelegt. Auf dieser halsbrecherischen Tour über harten Boden, durch Gebirgsbäche und Schluchten abwärts, ist keins von den kleinen struppigen Tieren auch nur gestrauchelt.

Oskar Loerke

Riesengebirgsreise 1909

Dienstag, 8. Juni

Morgens sechs Uhr besteige ich die Schneekoppe. Ich gehe in völliger Klarheit zwischen Sonne und Mond. Der Berg hebt immer mehr sein Gestein und Geröll auf zu seiner frohen Höhe. Ein etwas steiler, doch wenig beschwerlicher Zickzackweg führt schnell nach oben. Mir begegnen nur Kraxenträger, die große Fässer schleppen. So müssen sie wohl täglich Wasser und Bier herauftragen, wer weiß, woher.

Oben. Meine Stimmung, weite, gleichsam durchsichtige Wogen schlagend, hat etwas von dem Balsam dieser Luft. Die höchste Stelle, die ich je betrat. Ich kann nur sagen, dass ich glücklich bin. Große Liebe zur Welt. Nun bin ich einmal Mittelpunkt einer ganz ganz großen überall blauen Welt. Das Wogen der Berge hat hier aufgehört. Sie sind still, gebannt in ihre große Ordnung, markig heiter. Die Risse der Linien, die Senken der Täler, dieses ganze tiefe Blau in seiner steinernen Macht hat etwas Mythisches. Es ist, als setze jeder Blick ein Königreich hin, und der Wurf sei für ewig gebannt und dürfe nicht zucken. Kein Gedränge drückt sich unten, jeder Gipfel trägt für sich unbekümmert seine Erhabenheit, seinen Trotz, seine Klüftung, und mit einmal ist man durch bläuliches Nebeln fern in den Himmel gewatet. Ehrfurcht, doch keine Beängstung überkommt mich. Größe ist dem Menschen etwas so Natürliches, und sie einmal völlig und restlos, gar noch sinnlich zu haben, beruhigt. Und so bin *ich* es beinah (für einen Moment), der die Wolken nicht weit unterm Fuß segeln lässt. Dann aber wächst das Mythische in mich, während ich langsam drei-, viermal um den engen Rand der Koppe kreise, selbstvergessen, beim Stolpern über einen Stein gestört, und Namen hinlege wie die Berge selbst, wohl hundert, die Berge mit ihren Namen wie in Hand und Mund nehme.

Alles muss sein, wie es ist, scharfgegliedert durch große Schluchten und breitköpfige Berge der Nähe, Riesengrund, Melzergrund vor allem, entgegengesetzt von schmalem Sattel herabrollend und beinahe lotrecht vor dem Blick die ungeheuerliche Tiefe von achthundert Metern öffnend, begrenzt von Rosenberg, Brunnberg und den dem schrägen Kammmassiv vorgelagerten Massen, und schließlich der wundervolle Gegensatz der Ferne: Böhmen mit der blauen Schar Berge, Hirschberger und Schmiedeberger Tal mit silberflimmernder Tiefe. Fast raffiniert ist der Reiz der Verteilung und des Übergangs der Farben ineinander: dunkelgrau, dunkelgrün und jedes Blau. Das hält alles in der Schwebe, macht ein Mannigfaltiges einfach, symphonisch.

Im Riesengrunde erscheinen die Tannen wie Moos, aber man kann jedes einzelne Türmchen erkennen, wie sie sich den Abhang hinanreihen. Überhaupt ist die Klarheit so groß, dass man selbst bei fernen Bergen durch lichtes Blau das Grün und Gestein schimmern sieht. Zum Riesengrund hin ist die Schneekoppe mit Felszähnen gepanzert, jeder wohl dreißig Meter lang. Schluchten rollen zwischen wildem Gemäuer zu Tal.

Auf dem kleinen Koppenkegel liegen die Häuser wie eine Bauernwirtschaft zusammen, die Deutsche und Böhmische Baude, die winzige hölzerne Rundkapelle des Laurentius und die meteorologische Station. Dennoch sollen die Winterstürme bisweilen so hausen, dass der Meteorologe und der Koppenwächter wochenlang in die Einsamkeit ihres Hauses gesperrt sind und, wenn sie es so nicht mehr aushalten, endlich auf allen vieren zueinander zu kriechen wagen.

Ich lese beim Frühstück in der Deutschen Baude ein drolliges Zettelchen wieder, das ich bei mir führe und auf dem ich Auszüge aus dem ersten Koppenbuch, das von 1696 bis 1736 reicht, stehen habe. Da schreibt 1706 ein Besucher:

Die curiosité hat mich hierher gebracht,
Ich hab auf dir diss alles wohl betracht,
Was merkens würdig ist, doch das muß ich gestehn,
Daß ich so balde nicht auf deine Höh werd gehn.

1718 ein anderer:

Dich liebe Riesen-Kop bin ich einmal gestiegen
Du wirst mich kaum nochmals wie es geschehn, betrügen.

Endlich ein Musiker:

Capellmeister Tob. Seemann ist genandt,
der dieses schreibt mit eigner Hand,
Ich wolt lieber zu Haus pfeiffen und geigen
Als mehr auf die Schneekopp steigen.

Ich sehe den ganzen jahrhundertelangen Menschen-Pilgerschwarm hier herauf und empfinde die lächerliche Belanglosigkeit alles dessen, was wir gedacht und gefühlt haben. Ich schäme mich sogar etwas vor dem lebenden Wesen, das der Berg mir nun scheint.

Den Abstieg machen wieder atmosphärische Ereignisse so grandios. Ich gehe den sacht sinkenden Jubiläumsweg. Schwarze Riegel im Himmel regulieren das Licht so: Zwischen der Schwarzen Koppe und dem Rosenberg steigen die Kämme in ein ernstes schwarzblaues Gewand, und manchen lange Meilen in Böhmen gelb und golden. Durch weißatlasne breite Sonnenbinden spielen Schwalben und, höher als die Spitze der Koppe reicht, ein Raubvogel. Kuckucke singen im Moll der kleinen Terzen von irgendetwas Versunkenem.

Dichtgefügte Wolken bieten sich nun meinen Füßen zum Beschreiten dar und scheinen geheim die Kraft zu bewahren, wie man wirklich auf ihnen gehen könne, ohne zu versinken. Die Sonne kocht ihr Licht auf ihnen zu quirlenden Kreiseln. Aber ich Ungefüger, schwere Knochen schleppend und noch Zentner an sie gehängt, versinke in den Wolken und komme augenblicksweise unter ihre Region. Der obere Kegel ist wie ein Phantom zergangen, und auch unten scheinen nur für ein Kleines in Wolkenkraterlöchern goldleuchtende Dörfer zu schweben. Sie schimmern wie eine sehr plastische Spiegelung. Husch, wo sind sie?

Aber erlöschendes Grauwerden schleicht in lautlosen Strömen übers Land, und dieses Land ist dämonisch, wenn alle Farben nur andere Schatten des Graus sind. Da ist gleich der Wind Dämon, der mit lautlosen Fäusten die Wolken tief ins Tal drückt. Und die Schneekoppe. Ganz unten und ganz oben graues Nichts, das heißt endlos hinauf, endlos hinab sehe ich die einförmige steile Geröllwand. Kopfgroße Steine, auch doppelt und vierfach so in Wolken hinein. Und die Steine rauchen leicht. Ich gehe auf einem ungeheuren Aschenhaufen. Ein himmelragendes Totenmal, darin wieder Jahrtausende begraben sind. Wo oben eine kleine Lücke frei wird, Geröll, Geröll, ich *muss* es mir ewig in den Weltenraum hinauf fortgesetzt denken. Ich stehe still in dem gespensterhaften Rauchen. Die Wolke, die eben an mich schlägt, hat Gruft- und Leichengeruch. Es ist wie der Kuss eines süßlich weichlichen Mundes. Unten klafft ein schwarzer Schlund – Geröll, Geröll in der ununterbrochenen schrägen Steile. Ich steige und steige hinab, und es bleibt die kalte Asche der rauchenden Schädel. Selten begegnet ein matt leuchtendes Felsfragment, vielleicht ein Halbedelstein. – Der traurige Weg zum Hades kann nicht phantastischer in seinem Schauer gemalt werden als diese grandios klanglose Einfachheit.

Das ist die Schneekoppe in einem ihrer Gewänder: ich weiß nun ohne Phrase, was geisterhaft ist. Wie das Wort Höhenluft mir seit einigen Tagen zum Begriff eines Hymnus geworden ist.

Ich bin auf dem Sattel, der schmalsten Stelle des Kamms, zwischen Riesen- und Melzergrund. Der Melzergrund existiert nicht. Da ist graues Nichts, dagegen ist der Riesengrund, ebenso der Hohe Brunnberg und der Rosenberg, die ihn bewanden, sonnig.

Schon bei der Rennerbaude komme ich in Klarheit. Hinter mir ist auch wieder die Koppe. Auf allen höchsten Bergen haben sich große weiße Wolken niedergelassen, andere Berge aus hellem Schaumgold. Als sei die mildeste Form des Feuers dünn ausgewalzt und zu Bauschen gebogen. Die großen Wesen haben etwas von zartester Nachdenksamkeit an sich.

Stefan Zweig

Herbstwinter in Meran

Oktoberwende hat längst die letzten Trauben von den Reben gelöst, aber noch glühen die Weingärten in einem sanften und doch feurigen Licht. Blatt an Blatt leuchtet blank und messingfarben und immer, wenn eine sanfte Brise die zitternden umlegt, meint man, sie klingen zu hören wie feine metallene Scheiben. Dunkler sieht der Herbst ins Land. Die Berge haben schon Schnee auf dem Scheitel, doch ihre Brust liegt noch frei und grün und leuchtend umschnürt ihre tiefe Hüfte der farbige Gurt der Weinberge. Ganz weit scheint der Winter noch. Nur die Höhen, die weiter in die Ferne schauen, scheinen ihn bereits erspäht zu haben, das Tal freut sich tief der Sonne und wird nur feuriger in den herbstlichen Farben. Wie brennende Büschel flackern einzelne Bäume rote Warnung ins Land, rostfarben leuchten die Stämme und das heitere Gelb der welken Blätter mengt sich fröhlich ins dunkle Grün der Matten. Unwandelbar aber schließt oben der blaue Himmel mit einem weiten, voll ausgespannten Klang den bunten Reigen der Farben. Es ist ein Herbst ohne Ende, ein Herbst ohne Bitterkeit, der hier langsam Winter wird und – man fühlt es schon – ein milder geruhiger Winter, ohne Härte und Harm.

Es ist mir nicht neu, das vielfältige Farbenspiel dieser Landschaft. Oft habe ich sie schon so gesehen im Zauber des Übergangs, immer beglückt und immer neu begeistert. Aber immer nur wie etwa ein Maler es sehen mag, froh der Reinheit der Luft und der seligen Klarheit der Farben und fraglos hingegeben im sanften Genießen. Doch heute lüstet es mich, die Schönheit nach ihrem Sinn zu fragen, denn es gibt Stunden, da der Genuss eine Rechenschaft fordert und selbst die Beglückung noch ihren Sinn. Ich sehe in ihre heiteren Züge hinein und frage das eigene Herz, noch heiß in Entzücken, warum gerade ihr diese seltsame Macht gegeben ist, so reine Beruhigung in mir auszubreiten und von ihrer sanften Heiterkeit einen Widerschein in mich zu streuen. Ich weiß gewaltigere, gekrönt mit den heroischen Insignien großer Vergangenheit, Landschaften, die das Meer zu ihren Füßen haben, das unendliche, oder einen See, ständig das Bild ihrer Anmut zu spiegeln, Landschaften, die wie urweltliche versteinerte Gedanken sind, Tragödien aus Fels und Wald. Ich sehe sie an, suchend, an hundert Stellen ihre Schönheit zu fassen und nichts Einzelnes gibt Antwort. Denn nichts in ihr ist eigentlich sonderbar oder einzigartig, nichts reißt herrisch den Blick an sich, freundlich lässt ihn eine Linie in die andere fließen. Und diese Harmonie des Übergangs ist ihre Magie. Denn alle Elemente der Schönheit sind nicht nur verteilt im Meraner Tal, sondern auch vereint. Sie hat Größe und Gewalt, diese Landschaft am Fuße der nordischen Alpen, aber eine, die nicht drückt und beschwert: schieben sich die Berge in ihrem Rücken wie zornige Falten auf der Stirn eines Giganten drohend zusammen, scheint von allen Seiten Begrenzung dem Blick zu drohen, nach Süden tut sich die verschlossene Landschaft unendlich auf, ein sonniges Tal führt den Blick, den befreiten, heiter fruchtbare Felder ins Ferne entlang. Sie ist großartig, diese Landschaft, und doch nicht streng, ihre Nähe schön und ihre Ferne erhaben. Ihr felsiger Bau beängstigt nicht wie etwa eine verschlossene Gebirgslandschaft, deren schroffe Felsen sich einem schließlich um das Herz bauen, ihre Weite ermüdet nicht, weil sie nicht flach ins Ferne rinnt, sondern überall den Höhen sich verkettet. Alles ist Übergang in diesem Anblick. Die Stadt selbst, uralt, mit ihren Laubengängen und Herrensitzen und doch geschmackvoll in den neuen Villen und Burgen, fügt Vergangenheit und Gegenwart in eine gesellige Gemeinsamkeit. Weiß und doch schon grün durchädert von den Parken und Anlagen, klettert sie langsam in die Wiesen und Weinreben hinein, die selbst wieder aufsteigend hinschwinden in den dunklen Wald. Dieser wieder verliert sich klimmend in den Fels, dessen Grau mählich mit dem kühlen Weiß des Firnenschnees sich überstäubt, und diese höchste zackige Linie wiederum zeichnet sich rein ins unendliche Blau. So klar und rein entfaltet sich hier der Fächer der Farben, nichts befeindet sich, alle Gegensätze sind harmonisch gelöst. Norden und Süden, Stadt und Landschaft, Deutschland und Italien, alle diese scharfen Kontraste gleiten sanft ineinander, selbst das Feindlichste scheint hier gesellig und vertraut. Nirgends ist eine brüske Bewegung in der Landschaft, nirgends eine zerrissene abgesprengte Linie: wie mit runder, ruhiger Schrift hat die Natur hier mit bunten Lettern das Wort Frieden in die Welt geschrieben.

Meisterschaft des Übergangs: das ist die Gewalt dieser Südtiroler Täler. Und nicht nur in der Struktur, in ihrem eigenen Leben ist der Wandel der Erscheinung bezwungen, auch der Umschwung der Jahreszeiten, der Himmel, unter dem sie ruhen, scheint gebändigt von ihrer beruhigenden Gewalt. Die Jahreszeiten, die vier feindlichen Schwestern, hier halten sie sich noch friedlich Hand an Hand, leise umwandelnd im Reigen. Sie stoßen sich nicht zornig weg, eine der anderen den Platz zu rauben, sondern geben sich wie einen bunten Ball diese Welt weiter im heiteren Spiel. So weiß ich's nicht zu sagen, ob jetzt noch Herbst ist oder Winter schon, fast vermeint man, Höhe und Tiefe, Fels und Tal hätten sich hier geeint, beide gleichzeitig zu empfangen. Oben auf den Firnen glänzt schon der Schnee, auf wilden Stürmen sprengt der Winter durch die Tannen hin, indes unten das Tal in durchsonnter Luft golden funkelt und einen südlichen Sommer, eine ewige Jugend zu den grauen Felsen emporspiegelt. Und im Sommer wiederum, wenn der Juli im überhitzten Kessel der Tiefe brodelt, glänzt oben auf dem Vigiljoch und der Mendel ein heller Frühling durch die fast winterlich kühle, würzige Luft. So mildert hier immer die doppelte Welt das Übermaß der Jahreszeiten durch die nachbarliche Gegenwart der anderen, und selbst an einem einzigen Tage, im Kreise weniger Stunden, vermag man hier beide zu empfinden, den Winter am Morgen, den Frühling zu Mittag, wenn die Sonne den weißen Reif weggetrunken und ihre freundliche Wärme über das Tal gebreitet hat. Geschwisterlich sind hier die Jahreszeiten. Wie auf einem antiken Bild, geschmückt mit den bunten Allegorien der Früchte, wandeln sie dahin und verstatten das freundliche Wunder, ihnen vereint zu begegnen.

Dieses Wunder hat die Landschaft von Meran vollbracht dadurch, dass sie den Störenfried verbannte, den Wind. Denn der

Wind ist es allein, der die Jahreszeiten gewaltsam trennt, der ihren ruhigen Reigen jäh auseinanderreißt. Wie oft hat man's im Norden erlebt; nachts haben die Fenster geklirrt, ein Heulen war in den Straßen, ein Schreien und ein Kampf, und erst am nächsten Morgen wenn der Schnee weiß über den Dächern lag, wusste man's, der Herbst war entführt worden für ein ganzes langes Jahr, weggerissen von unsichtbaren Ketten. Und so gewalttätig stürzt der Sturm den Frühling wieder über den Winter und den Winter wieder über den Herbst. Mit einem Ruck reißt er den schlotternden Bäumen ihr gelbes Gewand ab und streut es in die Ferne, mit jähem Stoß schleudert er den Schnee von den Bergen, dass die Flüsse aufschäumen und rasend ins Tal rollen. Weggepeitscht in wildem Erschrecken entflieht vor ihm jede Jahreszeit, man erschrickt und staunt unvermutet über das neue Antlitz der Erde und ist befremdet, ehe man sich gewöhnt. Hier aber wehrt die Landschaft mit hohen Schultern seinem zornigen Ansturm. Nicht plötzlich ist der Übergang, sondern unmerklich zart, fast wie Musik. Jeden Tag spannt die Sonne jetzt etwas enger ihren Bogen, jede Nacht entsaugt der Frost den Blättern einen Tropfen grünen Blutes. Erst beginnen sie zu gilben, dann rosten sie zu einem bräunlichen Rot, dann erst schrumpfen und welken sie, um schließlich, wenn sie ganz schwach und müde sind, schläfrig vom Baum zu taumeln und auf die Erde zu sinken in sanftem kreisendem Flug. Aber sie wehen nicht fort, sondern sinken nur matt zu den Füßen und umscharen weich den entlaubten Stamm, als wollten sie mit ihrem welken Laub noch die Wurzeln für den neuen Frühling wärmen. Und so wie jedes einzelne Blatt hat auch die ganze Landschaft hier ihr volles Farbenspiel und verstattet, dass man den Herbst, den Winter nicht wie eine Überraschung empfinde, wie einen Überfall, sondern geruhig wie ein Schauspiel genieße. Frucht auf Frucht fällt hin, Farbe um Farbe lischt mählich aus, aber niemals legt sich der Schnee weiß und tot zwischen Welken und Blühen, und dem Absterben nähert sich schon der Neubeginn. Unentwegt hält der Efeu aber dazwischen überall seine grüne Wacht bis zum Frühjahr, da die Farben wieder zart einsetzen. Keine Pause ist hier im anregenden Spiel der Farben und des Lichts, nur Übergang, eine sanft anklingende und sanft wieder abschwellende Harmonie.

Dies ist das eine Geheimnis Meraner Schönheit, die Feindschaft mit dem Wind, und das zweite ihre rege Freundschaft mit der Sonne. Meran lebt vom Licht, und man fühlt's nie stärker als an einem Regentag, wenn all ihre heiteren Züge wie in Tränen untergehen und die Ferne wolkig ihr Haupt verhüllt. Die Farben leuchten dann nur stumpf, wie durch eine Mattscheibe, die Menschen mit dem regen Bunt ihrer Gewandung verbergen sich in den Häusern, der Sinn der Stunden ist verwirkt, man findet seine innere Beziehung zu der gestern noch so nahen Schönheit nicht mehr. Meran lebt nur im Licht. Denn die Sonne hat hier eine seltsam, fast mythische Macht; sie zählt die Stunden, sie gliedert den Tag, sie nährt die Kranken mit Hoffnung und die Früchte mit heißem Blut. Erst wenn sie aufglänzt, beginnt der Tag, wenn sie niedersinkt, ist er vorbei. Mit glühendem Zirkel misst sie die Stunden zu, breiter im Sommer, enger im Winter, immer aber geregelt und genau, und jeder misst seine Zeit an ihr. Ist man ein wenig eingewohnt in Meran, so kann man bald die Uhr entbehren, denn die Rosawolke auf dem Berg, die vorauseilend die Sonne ankündigt, deutet eine bestimmte Stunde und wieder eine den Augenblick, wenn sie mit ihrem schrägen Strahl jetzt jenes Kirchendach erreicht, und jene wieder, wenn ihr Leuchten endlich bis in die Passer niederfunkelt. Und so wieder, wenn dieses Haus in Schatten sinkt und dann jenes: allmählich verwandeln sich dem wissenden Blick alle einzelnen Punkte der Landschaft zu Zahlen eines Ziffernblattes, an dem man das Steigen und Neigen der Stunde zu erkennen vermag. Eine ungeheure Sonnenuhr ist die ganze Landschaft, und diese sichtbare Regelmäßigkeit hat einen wundervollen Reiz für jeden, der schon dem heiligen Zeichen der Himmelsuhr sich entfremdet hat. Denn wir in den Städten spüren Morgen und Abend kaum anders als im Zimmerlicht, wir wissen, dass es Nacht wird, wenn uns die Zeile im Buch zerrinnt und wir das Licht zünden müssen, und vergessen ganz die spendende Kraft, der alles Licht entstammt und die dort so unablässig sinnlich gegenwärtig ist. Hier dämmert der Morgen nur müßig hin bis zum Augenblick, da sich die Sonne von den Bergen ins Tal getastet hat. Dann erst wird sie wach, die Welt, mit einem Male sind Menschen auf den Straßen, Musik sammelt sie auf der Promenade und in den Gärten, denen das Licht mit raschem Finger die Feuchte des Frostes abstreift und die sommerlich plötzlich leuchten, als wollten sie noch einmal aufzublühen beginnen, mit Blumen und Früchten. Alles drängt sich heran, Sonne zu trinken, die ganze Stadt ist ihr gleichsam zugewandt, südwärts halten die Häuser ihre Balkone und Terrassen entgegen, auf denen, großen Sonnenblumen nicht unähnlich, das Rund der Schirme über den Kranken wacht. Nur wenn die Sonne hier wach ist und nur solange sie das Tal mit ihren warmen Wellen badet, dauert hier der Tag. Goldene Kugeln, glühende und große im Sommer, mattblinkende und kleine im Winter, rollen diese Sonnenstunden von Berg zu Berg, das ganze Leben in vielfaches Spiegelbild einschließend, rollen es aus Nacht wieder in Nacht zurück. Sinkt die Sonne hinter dem Berg, so fällt die Dämmerung kühl und rasch wie ein feiner, grauer Aschenregen. Alles wird anders. Die Luft, die, von der Sonne durchfiltert, weich und golden sich anfühlte, wird plötzlich schneekühl, die Farben erlöschen und die Menschen verschwinden. Immer ist hier in der Dämmerung eine viertel, halbe Stunde gleichsam des Erschreckens, ein Niedersturz ins Dunkle, so plötzlich und überraschend, wie wenn man in einem Eisenbahnzuge aus dem Betrachten schöner, sonniger Landschaft plötzlich in einem Tunnel sich alles entrissen fühlt und mit befremdeten Augen in eine unerwartete Nacht starrt. Aber Beruhigung beginnt, sobald die Lichter in den Häusern zu funkeln anheben, und wohnt man auf der Höhe, so ist es unbeschreiblich schön zu sehen, wie das tiefe Tal nun von tausend Funken durchglüht ist. Ein Sternenreigen, flirren sie unten in der Tiefe, dazwischen die kleinen Monde der elektrischen Bogenlampen und matt glänzend in ihrer Mitte wie eine Milchstraße die schäumige Passer. Wie ein Spiegel hält unten der irdische Sternenhimmel dem Unendlichen sein Bild zurück, eine Welt ahmt die andere nach, und oben am Rande der Berge funkelt manches Licht der Höhe schon kühn in das Ewige hinein. Nun erst fühlt man in dieser Landschaft, deren heiterer Sonnenblick tagsüber nur Milde offenbart, die innere Strenge, nun erst in der immer tieferen Stille vernimmt man ihre Rede, das stürzende Brausen des Flusses. Sah man tags nur ihr Lächeln, nun hört man ihr Herz.

Diese wunderbare Gleichzeitigkeit aller Kontraste scheint mir das Liebenswerte der Meraner Welt, der ich mich verbunden fühle durch die Heimatlichkeit einer immer wieder erneuten Wahl. Nie wird es – ich fühle es immer mehr im Versuche – gelingen, ihre gastliche nachgiebige Schönheit jemandem zu erklären, der in der Schönheit immer nur das Sehenswürdige will, das sichtbar Besondere, die Sehenswürdigkeit, diesen Begriff der Eiligen und Unverständigen, die aus innerer Armut des Schauens Landschaften und Werke in der Presse des Ruhms zu Banknoten der Menschheit gestempelt haben. Die nicht ahnen, dass man mit einer Landschaft Freundschaft schließen kann, mit ihr Zwiesprache halten, dass man sich selber zu mäßigen vermag am bloßen Anblick ihrer Farben, und lernen an der Gelassenheit, mit der sie sich dem notwendigen Umschwung der Zeiten entgegenbietet. Nichts vermag solche Beruhigung zu erklären, die oft von einer einzigen Linie eines sanft sich niederneigenden Berges, von den klingenden Halden eines schön geschwungenen Berges einem bis ins Blut strömt und in weiterer Verwandlung selbst Entschlüsse und Gedanken freundlicher formt. Aber ich glaube, unbewusst bildet sich in den Jahren fast in jedem Menschen schließlich eine Vorliebe für eine bestimmte Gegend, die sicherlich mehr bedeutet als gemeine Zufriedenheit mit Wohnung und Klima. Man spürt, dass die Landschaft, die mit solcher Beharrlichkeit einen verlockt, doch des eigenen Charakters unruhige und fließende Form schon in festem, darum aber nicht regellosem Bilde innehabe, und freut sich, seine eigene fließende Existenz irgendwo in ewigem Bilde versteinert zu sehen. So liebe ich diese Meraner Welt mit an den Jahren nur gesteigerter Sehnsucht, von ihr zu lernen, die notwendige innere Zwiespältigkeit des Lebens sich durch Harmonie zu lösen, und selbst hier in der Stadt, der himmellosen und bedrückten, ist es mir oft Beruhigung zu wissen, dass dort unten dieses Leben, in dem ich durch Liebe und Hingabe viel von mir gelassen habe, so heiter weiterblüht, wie vielleicht in mir selbst irgendein innerer Trieb unter aller Verwirrung und Geschäftigkeit. Fern von ihr spüre ich ihre ruhige Gelassenheit noch nachklingen in meinem Blut, und wenn hier die Stadt sich zusammenkrampft unter der Faust des Winters und im Nebel die Sterne erlöschen, mühe ich mich manchmal, zum Trost innen ihr Antlitz zu schauen, wie es jetzt unten im leisen Mittagslicht sich milde hineinlächelt in den Winter und mit Schnee auf den Firnen doch vom nahen Frühling träumt.

Ricarda Huch

Auf Bergeshöhe

Überm Staub und Lärm der Gassen,
Wind und Wolken zugesellt,
Fühl' ich tröstend mich umfassen
Eine makellose Welt.
Seine Flügel senkt mein Sehnen,
Alle Wünsche gehn zur Ruh,
Und die Quelle meiner Tränen
Schließt sich sacht von selber zu.

Ada Christen

Auf den Bergen

Freu' Dich nicht des blauen Himmels,
Bist Du noch so harmlos, Kind?
Fühlst Du's nicht? durch Erd' und Himmel
Zieht gewitterschwüler Wind!
Trau' nur nicht der Himmelslüge,
Nicht dem Sonnenlächeln trau',
Denn es regnet, weinet innen –
Nur nach außen lacht es blau!

Georg Trakl

Das Gewitter

Ihr wilden Gebirge, der Adler
Erhabene Trauer.
Goldnes Gewölk
Raucht über steinerner Öde.
Geduldige Stille odmen die Föhren,
Die schwarzen Lämmer am Abgrund
Wo plötzlich die Bläue
Seltsam verstummt,
Das sanfte Summen der Hummeln.
O grüne Blume –
O Schweigen.

Traumhaft erschüttern des Wildbachs
Dunkle Geister das Herz,
Finsternis,
Die über die Schluchten hereinbricht!
Weiße Stimmen
Irrend durch schaurige Vorhöfe,
Zerrissne Terrassen,
Der Väter gewaltiger Groll, die Klage

Der Mütter,
Des Knaben goldener Kriegsschrei
Und Ungebornes
Seufzend aus blinden Augen.

O Schmerz, du flammendes Anschaun
Der großen Seele!
Schon zuckt im schwarzen Gewühl
Der Rosse und Wagen
Ein rosenschauriger Blitz
In die tönende Fichte.
Magnetische Kühle
Umschwebt dies stolze Haupt,
Glühende Schwermut
Eines zürnenden Gottes.

Angst, du giftige Schlange,
Schwarze, stirb im Gestein!
Da stürzen der Tränen
Wilde Ströme herab,
Sturm-Erbarmen,
Hallen in drohenden Donnern
Die schneeigen Gipfel rings.
Feuer
Läutert zerrissene Nacht.

Erich Mühsam

Ich will alleine über die Berge gehn

Ich will alleine über die Berge gehn,
und keiner soll von meinen Wegen wissen;
denn wer den Pfad zu meinen Höhn gesehn,
hat mich von meinen Höhn herabgerissen.

Ich will alleine über die Berge gehn,
mein Lied soll ungehört am Fels verklingen,
und meine Klage soll im Wind verwehn; –
nur wer dem eignen Herzen singt, kann singen; –

nur wer dem eigenen Herzen klagt, kann klagen;
nur wer das eigne Herz erkennt, kann sehn. –
Hinauf zu mir! Ich will der Welt entsagen,
und will alleine über die Berge gehn.

Alfred Mombert

Hier ist ein Gipfel, um drauf einzuschlafen

Hier ist ein Gipfel, um drauf einzuschlafen.
Hier schweben leichte Wolken dichtdrüberher,
die feuchten dir die Stirn und heiße Hände.
Und Wasserstürze singen selig in der Tiefe,
vom Mond durchwühlt.
Besessen hab' ich die Welt. Ich sog alle Feuer
in mich hinein, und jedes Glück war mein.

Hier ist ein Gipfel, um drauf einzuschlafen.
Hier ruht der Schlafend-Träumende
zwischen hochgetürmten funkelnden Schätzen;
mitten im Menschlich-Herrlichen.

Christian Morgenstern

Einem Berge

Du, Berg, bist gut. Auf deinen Matten ruht
Das Auge gern und gern auf deinem Wald;
Du bist nicht hoch noch stattlich von Gestalt,
Doch macht dein sanfter Reiz dem Träumer Mut.

Die Sonne liegt auf deiner breiten Brust
Den langen Tag; du gibst sie uns zurück;
Und über deinem gütevollen Glück
Entlässt das Herz die letzte böse Lust.

Christian Morgenstern

Abend im Gebirge

Über dumpfen Wäldermassen
baden steile erdenferne
Höhen sich im rosenblassen
Firmament der ersten Sterne.

Tageshelle will nicht scheiden,
ehe nicht der letzte flimmert;
und so leuchten sie, von beiden
zwiefach feurig angeschimmert.

Bis des ehernen Geschickes
strenger Schluss den Wettstreit endet
und der Tag sich langen Blickes
von den vielgeliebten wendet.

Wie beraubt der Seele, sinken
stumm die mächtigen zusammen.
Starre, kalte Strahlen blinken
statt lebendiger Liebesflammen.

Klabund

Davos

Ich bin in einer winterlichen Frühe
Auf dem bezaubernden Balkon erwacht.
Im Morgenschlaf dehnt sich die weiße Mühe,
Umnebelt noch vom Schleiergeist der Nacht.

Ein Schlitten klingelt vor verhangnen Fenstern,
Und eine Wolke schwebt und ist ersehnt.
Es werden ferne Glocken von Gespenstern
Geläutet, deren Sichel mondwärts lehnt.

Bin ich der Ewige, der ich gewesen?
Die Sonne bricht aus meinem Mund mit Schrei,
Und vor der Pforte schwingt ein Stern den Besen
Und macht den Weg für meine Schritte frei.

Alfred Lichtenstein

Landschaft in der Frühe

Die Luft ist grau. Wer weiß was gegen Ruß?
Bei einem Ochsen, der am Boden frisst
Steht staunend ein tiefernster Hochtourist.
Bald gibt es einen kräftgen Regenguss.

Ein Junge, der auf eine Wiese pisst
Wird zu dem Quell von einem kleinen Fluss.
Was soll man machen, wenn man ernsthaft muss!
Mensch, sei natürlich. Gib dich, wie du bist.

Ein Dichter geht in dieser Welt umher,
Besieht sich den geregelten Verkehr
Und freut sich über Himmel, Feld und Mist.

Ach, und notiert sich alles sorgsam auf.
Dann steigt er einen hohen Berg hinauf,
Der gerade in der Nähe ist.

Joachim Ringelnatz

Ausflug nach Tirol

Kann man das Jodeln wohl
In meinem Alter lernen?
Nie war, wie in Tirol,
Ich derart nah den Sternen.

Ich sah vom Stripsenjoch
Drüben an steiler Wand
Leute aufs Totenkirchl kraxeln,
Wahrscheinlich Sachseln
Aus Hosenträgerland.
Aber kühn und schön war es doch.

Was ich um Hochwürden dann
Später in Sankt Johann
Sang, lebte und sprach in der »Post«,
Schmeckte wie Herz am Rost
Nach ausgegangener Hochtouristenkost.

Alm und Kuhstall, fette Weiden,
Bärenwirt und Sennerin –
Wo ich durchgegangen bin,
Schien mir alles zum Beneiden.
Nur die Wandervögel, die

Einem jede Poesie
Und den Appetit verleiden,
Mocht ich meiden.

Alle Tiroler sind
Keine Amerikaner.
Wäre ich eine Mutter mit Kind,
Ich nährte mein Kind mit Terlaner.

Im Kursalon in Kitzbühel
Da ist des Nachts der Sekt so kühel.
Ich muss die Gäste loben,
Die zur Musik dort oben
So vornehm tanzen und schweigen,
Um ja nicht mehr zu zeigen
Als ihre hochmodernen Garderoben.

Ich möchte ein wilder Gebirgsbach sein,
Klar, schäumend, rauschend und blinkend,
Unhaltsam kämpfend von Stein zu Stein
Mich an mir selber betrinkend.

Dass ich mein Kragenknöpfchen verlor,
Kommt schließlich auch einmal anderwärts vor.
Du, mein einziges Tirol,
Lebe wohl! Lebe wohl!

Ödön von Horváth

Drei Sportmärchen

Der grosse und der kleine Berg

Als einst der große Berg, der vor lauter Erhabenheit schon schneeweiß geworden war, dem kleinen Berge gebot:
»Staune ob meiner Größe!«
antwortete jener Felsenzwerg schnippisch nur dies:
»Wieso?«

Da reckte sich der Riese und sein Scheitel berührte die Wolken, als stünde Goliath in einer niederen Bauernstube – und durch seine drohende Stimme lief das Grollen der Lawinen: »Ich bin der Größere!«

Doch der kleine Berg ließ sich nicht einschüchtern:
»Aber ich bin der Stärkere!«

Wie lachte da der große Berg!

Doch der Kleine wiederholte stolz:
»Ich bin der Stärkere, denn ich bin der Schwierigere! Du wirst bei unseren Feinden, den Bergsteigerkreisen, nur als leicht belächelt, ich hingegen werde als sehr schwierig geachtet und gefürchtet.

Mich ersteigen jährlich höchstens sieben! Und dich? – Blättere nur mal nach in deinem Gipfelbuch, dort steht der Unterschied unverfälschbar!«

Auf das sichere Auftreten des bisher (über die Achsel) Angesehenen hin wurd der Große doch etwas stutzig und blätterte stirnrunzelnd in seinem Gipfelbuche und – oh, Graus!

: – Namen, Namen, zehntausende! und was für Namen!! fünfjährige Kinder und achtzigjährige Lehrerinnen!!
Er zitterte.

Da bröckelten Steine aus seiner Krone und wurden als Steinschlag eines Bergsteigers Tod, der wenn er seinen Namen in ein Gipfelbuch schrieb, immer nur dies dachte: »Berge! staunet ob meiner Größe!«

Und als dies der große Berg erfuhr, sagte er nur:
»Wehe mir!«

Begegnung in der Wand

Als einst der geübte Bergsteiger von einer hehren Alpenzinne herabkletterte, begegnete er in der sich nach unten zu einem äußerst schwierigen Kamin verengenden plattigen Rinne dem ungeübten Bergsteiger.

Der lag schon seit einigen Jahren an dieser Stelle. Kopfabwärts. Sein Rückgrat war gebrochen und lugte nun aus seiner Kehle wie eine schlechtsitzende Krawatte; dadurch hing sein Schädel hinten herunter als hätt er den Hals vergessen. Statt Kleider flatterten im kühlen Bergwind nur Fetzen der Wickelgamaschen um seine Knochen, auf denen sich am relativ besten die Fleischteile über der Brust behaupteten. Und er besaß nur mehr einen Arm, denn der andere hatte bereits zu letzt Frühjahr seinen Rumpf verlassen und war nach unten in die finstere Randkluft geflogen. Das Fliegen hatte jener wahrscheinlich den Jochgeiern abgeguckt, denen die Augen seines Herrn seinerzeit als Leckerbissen mundeten.

Da nun der geübte Bergsteiger neben diesem Wesen an der Wand klebte, sprach er nach kurzem Gruße:
»Wenn ein Ungeübter mit solch Schuhzeug (geschweige denn Kletterschuhe) hier herunterklettert, obendrein allein, so hab ich kein Mitleid!«

»Verzeihen Sie –«, erwiderte der ungeübte Bergsteiger »verzeihen Sie, dass als ich noch klein war über meinem Bette ein Gebirgsbild hing; denn seit jenen Jahren hört ich sie singen in mir: die Sehnsucht nach den blauen Bergen – ohne jemals auch nur einen Hügel erblickt zu haben. Und dies war meine erste –«

»Man merkts«, unterbrach ihn der Geübte und hielt sich die Nase zu.

»Jaja!«, nickte die Leiche und lächelte leise. »Sichere Kletterer behalten immer Recht: es duftet nicht nach Hyazinthen – jedoch ich hoffe Sie werden mir trotzdem einen Gefallen tun: wenn Sie auch kein Mitleid mit mir haben. Aber ich sehe: Sie sind geübt und gelangen daher wieder heil hinab ins Tal. Und ich bitte: wären Sie nicht so liebenswürdig diese Postkarte, die ich bereits vor zwei Sommern an meine Mutter in Tilsit schrieb, mitzunehmen und in einen Briefkasten zu befördern?«

»Warum nicht?«
»Warum ja? – haben Sie Angst?«
»Geben Sie die Karte her!«, schrie da der Sichere – und kaum fühlte er sie in der Hand, kletterte er fluchtartig, als drohten ihm Gewitterfinger, fort ohne Gruß von dem redseligen Leichnam.

Doch dieser hat ihm noch freundlich nachgewunken mit seinem einen Arm: als er unten über den Ferner lief – bis er verschwand: dort hinter dem Buckel wo die Hütte liegt im Tal, das schon ganz in Schatten versank.

Und bald umrangen auch Nachtnebel grau die verlassenen Gipfel und die Dunkelheit hielt Hochzeit im stillen Kar. Und irgendwo sang ein Salamander Ständchen. –

Da grub der ungeübte Bergsteiger aus einer Felsenspalte einen Führer hervor und las nach, welch Wand oder Grat seiner blauen Berge er noch nicht erklettert hat.

Denn die Nächte gehören den Abgestürzten.

Die Beratung

Es war einmal ein Bergsteiger, der vernachlässigte in gar arger Weise seine Ausrüstung. Das ließ sich diese aber nicht länger mehr gefallen und trat zusammen zur Beratung.

Die Nagelschuhe fletschten grimmig die Zähne und forderten, da er sie ständig fettlos ernähre, seinen sofortigen Tod. Darin wurden sie vom Seil unterstützt. Die Kletterschuhe zeigten ihre offenen Wunden dem Rucksack, der noch etwas ungläubig tat, da er erst gestern aus dem Laden gekommen war, und erzählten ihm erbebend den jeglicher Zivilisation hohnsprechenden Martertod seines Vorgängers. Der Eispickel bohrte sich gehaltvoll bedächtig in den Boden und sprach: »Es muss anders werden!« Und die Windjacke kreischte empört: »Er zieht mich sogar in der Stadt an!«

Endlich ward man sich einig über seinen Tod bei der nächsten Tour:

Die Windjacke sollte sich zuhause verstecken um überhaupt nicht dabei zu sein. Zuerst müssten dann die Nagelschuhe, vornehmlich mit ihren besonders spitzen Absatzzähnen, seine Fersen und Sohlen blutig beißen. Später in der Wand wird ihn der Rucksack aus dem Gleichgewicht bringen, wobei sich die Kletterschuhe aalglatt zu benehmen haben – und sogleich wird der

Pickel in seine Gedärme dringen und das Seil ihn mit einer Schlinge erwürgen.

Jedoch zu selbiger Zeit glitt der Bergsteiger auf der Straße über eine Apfelsinenschale und brach sich das Bein. Und – er würde sicher nicht mehr fluchen, dass er nun nie mehr in die Berge kann, wüsste er von der Beratung.

Hugo Marti

Davoser Stundenbuch

Durch Spaziergänge in die Bergwelt entflieht der Erzähler der immergleichen Routine eines Davoser Lungensanatoriums. Der Autor litt an Tuberkulose und kannte diese Welt aus eigener Anschauung.

Wenn ich den obern Weg gehe, bin ich zu dieser Stunde sicher, keinen überraschenden Begegnungen ausgesetzt zu sein. Überraschung – wie man sie verabscheuen lernt, ohne ihr etwas anderes vorwerfen zu können, als dass sie uns überrascht. Ein pedantischer Stundenplan regelt unsre Tage, wir hassen ihn; ein Netz von Gewohnheiten fesselt unsere freie Zeit, wir schämen uns ihrer; unserer Welt sind äußerliche Grenzen gebogen, wir verfluchen sie. Aber wehe der Überraschung, die unsern Stundenplan stört, unsre Gewohnheiten umstürzt, unsre Grenzen durchbricht. Fassungslos stehen wir vor dem Zufall, der von uns nicht vorgesehen war. Sind wir denn feige Sklaven geworden? Vielleicht, schlimmer noch: wir sind glückliche Gefangene. Wir tragen unsre Handschellen, als ob es Armbanduhren wären, von denen wir unsern geordneten Tageslauf, unsern vorausbestimmten Lebenslauf ablesen. (…)

Glühend gießt die Sonne die Kaskaden ihrer Strahlen über die Mauerwand des Kinderheims. Hier geht der Weg vorbei, gerade hier beginnt er zu steigen, das Herz setzt einen gedämpften Trommelwirbel an. Mit der pedantischen Gleichmäßigkeit einer guten, etwas alten Maschine schreite ich aus, die Beine kennen das bekömmliche Schrittmaß, die Füße den zweckmäßigen Trittsatz, ich könnte die Augen schließen und würde den Wegrank dennoch nicht verfehlen. Aber von Schließen keine Spur. Die Augen gehn ihre eigenen Wege, während mein Leib langsam steigt. Sie stellen zum hundertsten Male fest: dieser Riss im Beton müsste geflickt werden, wenn der Regen nicht einen ganzen Brocken losreißen soll. Wie, hat der Gärtner heute hier gesichelt? Sind wir schon so weit in den Sommer gerutscht, dass die hohen Gräser und der braunrote Klee fallen müssen? Sieh mal an, das Eckfenster im Waldhaus ist geschlossen, was bedeutet das? Drückt die Luft heute so stark, dass man sie im Zimmer nicht haben mag? Ich kann das Bett heute nicht erspähen, die Fensterscheibe schimmert dunkel, aber aus der Tiefe des Zimmers sieht man mich, der ich pünktlich wie die Uhr in dieser nachmittäglichen Viertelstunde hier vorbeigehe, Tag für Tag, mit leisem Handgruß gegen die Unbekannte im Bett, gegen den Mitmenschen, gegen den blassen Schatten einer lebenden Frau.

Meine Hand legt sich im Zurückfallen auf den Stein, der schwer und kantig neben dem Weg am Grasbord steht. Ein grauer Granit mit silbrig schimmernden Kristallkörnern, an der Regenwetterseite klammert sich filziges Moos in den Ritzen fest, vorne hat ihn die Sonne gebleicht und der spielende Wind blank gerieben. Es tut wohl, den Stein zu berühren; seine Wärme ist von andrer Art als die der Betonmauer, sie schlägt wie Blut an meine Hand, in kurzen Wellen, schwachen Stößen. Oder ist es nur mein eigenes Blut, das gegen den Stein pocht und in ihn eindringen möchte und durch ihn hindurch in das tiefe Herz der Erde? Ich weiß es nicht. Wie kann ich wissen, was mein Blut will und was ihm der Granit antwortet? Hier spricht eine Sprache, die ich nicht verstehe.

In die muldige Schale oben auf dem Stein lege ich dann, wie ich es jeden Tag tue, eine Blume, einen Zweig. Wann begann das Spiel? Weit zurück in der Zeit muss es liegen, ich erinnere mich jenes ersten Morgens nicht mehr, weiß nur, dass klares Regenwasser in der Mulde gesammelt war und dass die Schale wie eine offene Hand um ein Almosen bat. Ich gab, was ich hatte. Es war ein Spiel. Wann aber wurde das Spiel zur zwingenden Gewohnheit, zum unverbrüchlichen Brauch, wann die Bitte der offenen Hand zur Forderung einer Gottheit, ihr zu opfern? Habe ich nicht im Winter einmal den Schnee von der Mulde weggeschoben, ihn mit meinen Fingern weggekratzt, bis mir die Nägel sprangen, nur um einen Sonnenstrahl auf den Altar meines namenlosen Götzen zu legen? Damals erschrak ich vor mir selber, vor dem törichten Wahn, dem ich diente, aber heute bin ich gleichgültig gegen meine Vorwürfe geworden: ich zucke die Achseln und opfere. An den Tagen, da ich das Zimmer hüten muss, kann ich das Blumenopfer nicht darbringen; aber, denk' ich auch so, so fühl' ich doch anders: wenn ich den Stein zu schmücken unterlasse, geht es mir schlecht. Und ich weiß nicht, worüber ich mehr betrübt bin.

Drei Schritte weiter, jenseits des Holzstegs über dem glucksenden Bach, tritt mein rechter Fuß auf die Wurzelrune, die glattgescheuert in der Wegdecke eingebettet liegt. Auch dieses muss sein! Wie ein leicht hingeworfenes Fragezeichen krümmt sich die Holzfaser im Sandstaub und wenn ich auf sie trete, wippt sie meinen Leib mit schwachem Gegendruck zurück. Spielt sie mit mir? Ihr fragezeichenhaftes Dasein auf diesem gepflegten, geebneten Weg – ist es nicht mehr als nur ein fragwürdiges Zeichen, durch das mir Natur sich vertraulich zu erkennen gibt?

Denn schwer nur verstehen wir sie hier. Wir verbringen den halben Tag im Freien, wir sind aus den Städten des Tieflandes heraufgezogen in das Bergtal, um das die Gipfel ragen und die Alpwiesen wie samtene Kissen ausgebreitet sind, unser täglicher Weg geht durch dunkeln Tannenwald und durch windgestreichelte Wiesen, geht an stürmenden Bächen und angebrochenen Felswänden vorbei – aber ist das Natur, immer noch Natur, oder hat sie sich nicht vielmehr langsam gewandelt zu fabelhaft echt wirkenden Kulissen, zwischen denen wir agieren wie mittelmäßige Schauspieler, mehr mit uns selber beschäftigt als mit dem Stück, das wir zu spielen haben?

Zwei Schmetterlinge, weiße Flügel, die aus dem raunenden Schatten höher und höher in die sonnige Luft hinauftaumeln, Gott weiß woher und wohin, aber mit einem Mal ist die Walddämmerung so wahr geworden wie ein Märchen und unser Schritt so erwartungsvoll wie in der Kinderzeit. Verzauberung, mächtig wirksames Wunder der Minute! Und dann: Von ferne tönen einige abgerissene Fetzen Walzermusik in die Stille, verirrte Fragmente des Teekonzerts im Kurgarten, und der rote Wagen der Seilbahn klettert durch den Wald empor, man sieht ihn zwischen den kahlen Stämmen blutig schimmern, wie ein fremdartiges Fabeltier auf der abendlichen Jagdstreife. Der Asphaltweg spiegelt sein fahles Licht in das Tannendickicht, die Metallstangen des Geländers funkeln matt wie entrindete Äste, die vom Regen und von der Sonne manches Herbstes knochenbleich gewaschen und getrocknet sind.

Ist das Natur – oder sind es die Requisiten unseres weit gebauten Krankenzimmers, tolle Wandmalereien mit bestürmend kühnen Perspektiven und sinnigen Einfällen? Kostspieliger Luxus gegen bescheidenen Eintritt.

Hier am Wegrand, im Wurzelwerk der Tannen, die einzeln in gemessenen Abständen zum Himmel ragen: zügle den Schritt, vermeide das Knirschen der Sohle im Sand und verweile bewegungslos. Siehst du, wie es mit kratzendem Gewisper am rauen Stamm herunterflitzt, rund herum und mit wippendem Sprung ins buschige Gras vor deine Füße: ein dunkelbraunes Eichhorn, mit spitzen Öhrchen, funkelnden Augen, hochgesträubtem Flederwisch. Ein schwarzes dazu, und noch eins, in flachen Flügen von Ast zu Ast und über die Erde daher; Vogel, Maus, Gummiball mit Schwanz. Es faltet die Pfoten und blinzelt dich an. Du schnalzest leis mit der Zungenspitze am Gaumen und spreizest flach die Finger. Und noch bevor du in die Knie sinkst und ihm dein Nüsschen hinhältst, springt es dir ans Bein und klettert am Strumpf empor, an deinen Knickers und über den Arm bis zur Schulter, schaut dir tief in die Augen und rutscht dir den Buckel hinunter, flink wie ein Blitz und neckisch wie ein kitzelnder Strohhalm. Und du stehst da mit deiner Brotkrume, die du aus der Falte deiner Rocktasche hervorgeklaubt hast, und starrst blöde verzückt auf den kleinen Naturclown im Gras, der seine Kapriolen nicht einmal um des Broterwerbs willen ausführt, der gar keinen Hunger leidet, keinen Appetit verspürt, bloß zum Spaß oder aus täglicher Gewöhnung, so wie du spazieren gehst und ozonreiche Waldluft atmest und das Tinzenhorn mit seinen Schneerunsen und Gratkanten im Talausschnitt betrachtest.

Schwer fällt uns wahrlich hier die Natur zu verstehn. Wir dringen nicht mehr durch zu ihr, wir haben den Schlüssel nicht in der Hand, es ist keine Türe da. Wie vor einem Gemälde bleiben wir stehn, wenn wir plötzlich an steiler Halde über dem Weg zwei Mähder im Grase sehn, einen Mann, eine Frau, die langsam Schritt vor Schritt setzen und mit flachem Schwung die Schwaden vor sich niederstrecken. Jetzt treten sie in den Schatten ein, der über der Mulde schon liegt, jetzt schreiten sie wieder hervor in die Sonne, die noch schräg über die Halde streicht, jetzt bleiben sie stehn, schauen zurück, setzen die Sense mit dem Handgriff auf den Boden, lehnen den Arm auf das blinkende Blatt und den Leib auf den gebogenen Arm. Ein krauser Bart umrahmt dunkel das schmale Gesicht des Mannes, ein breiter Hut die hellen Wangen der Frau. Sie blicken neugierdelos herunter zu uns auf den Weg, wir blicken hinauf in ihre ruhigen Augen. So nah, so rufnahe stehen wir uns, tauschen Gruß und Wort, und doch trennt uns der Abgrund zwischen zwei Welten …

Kurt Tucholsky

Ein Pyrenäenbuch

Von Tardets aus, einem Ort im französischen Baskenland, unternimmt der Erzähler im Jahr 1928 eine gewagte Kraxeltour, von der er seinem Freund Jakopp berichtet. Dieser ist inzwischen leitend im Hamburger Kanalisationswesen tätig, aber in den wilden Jugendzeiten scheinen sie gemeinsam mit Karlchen, irgendeinem Dritten im Bunde, kein Abenteuer ausgelassen zu haben.

»Les Gorges de Cacaoueta« – aber das war auf allen Karten verzeichnet, eine einwandfreie Sache. Die Schlucht von Cacaoueta … »Guide nécessaire« stand im Gebetbuch. Einen Führer! Haben wir nicht auch allein den Weg nach Hause gefunden, morgens früh um vier, mit Bindfaden immer einer an den andern gebunden, und Karlchen sang sein Lied von den zwölf Nonnen, und alle Milchkannen sprangen erschreckt beiseite? Waren wir selbständige Männer oder nicht? »Nächstdem erfordert sein hoher Beruf Mut in allen Dienstobliegenheiten …« Ich brauche keinen Führer.

Ich sah noch im abendlichen Tardets zu, wie ein Pferd pedikürt wurde, hörte, wie sich vor allen Kneipen baskische Bauern die letzten Marktpreise in die Ohren riefen; vor dem Friseurladen saß die Friseurin und war so schrecklich schön und bunt angemalen, dass einem ganz schwül wurde …

Am nächsten Morgen, am Sedantage, ging ich auf der langen Straße, die von Tardets nach Licq-Athéry führt, bis ich an ein kleines Gasthaus kam, und da wohnte der Besitzer der Schlucht von Cacaoueta. Er hatte sie gepachtet, er hatte sie mit Geländern eingefasst, den Wasserfall abgestaubt – nichts verständlicher, als dass man bei ihm eine Eintrittskarte in die Natur zu lösen hatte. Zwei Francs fünfzig. Guten Morgen.

Eine kleine Stunde noch war der Weg karossabel, dann verlief er sich in den Steinen und man musste auf einer kleinen einsamen Schienenspur entlangklettern, die jungfräulich dalag: kein Lokomotiverich fuhr über sie hin. Unten lag ein Staubecken, die Sonne färbte es hellgrün, das Wasser war wundervoll durchsichtig und klar. Nehmen wir an, Fischlein spielten auf dem Grund. Ein Zigarrenkistendeckel, an einen Baum genagelt, mit einem stummen Pfeil. Ah – nicht was du denkst! Nein, das war wohl der Weg zur Schlucht. Vorbei an einer Hütte, in der eine Mama aus einer Töpfin trank und das Baby aus der Mama – durch ein ausgetrocknetes Flussbett hindurch, ein Hügel und da öffnete sich die Schlucht.

Es war neun Uhr. Oben lag die helle Sonne auf den begrünten Höhen – hier unten war es schattig und kühl. Der Weg schlängelte sich an dem Gebirgsbach entlang, dann hörte jede Fußspur auf. Was nun? Nun musste man klettern.

Ich kletterte eine halbe Stunde. Eine halbe Stunde ist lang, mitunter. Dann kam eine rostige Eisentür, die stand offen, von hier ab begann also die bezahlte Natur. Die Schlucht wurde immer schluchtiger, die Felsen immer felsiger, der Gebirgsbach immer wirbliger. Nun standen die Wände etwa zweihundert Meter hoch, in der Mitte ich. Wo war der Weg?

Was als solcher auf der Karte verzeichnet stand, war eine Art Untertassenrand, links der nackte Felsen, rechts der Brodelbach, manchmal umgekehrt. Beim Dahinwandeln hielt ich mich an dem nassen Stein fest, und weil ich ganz allein war, sprach ich mit mir und auch mit dem Stein, ich redete ihm gut zu, mich nicht ins Wasser zu stoßen, ich würde schon wieder herauskommen, so ein Affe! Er stieß auch nicht – aber manchmal setzte ich den Fuß auf eine Kante, das Sohlenleder glitt ein bisschen, und meine Eingeweide schoben sich ein ganz kleines Stückchen nach oben.

Derart ging ich etwa zwei Kilometer, obgleich gehen nicht das richtige Wort dafür ist. So ein Geschöpf aus dem Flachland wie du! Wie soll ich dir das beschreiben, auf welche Weise wir uns hier fortzubewegen hatten, meine Beine und ich …? Hast du einmal einen Mann seiltanzen sehen?

Alle fünfzig Meter hatten sie ein paar Bohlen über die »gave« gelegt, mit kümmerlichen und schwankenden Andeutungen von einer Art Geländer. Über die schob ich mich hinüber, drei Meter unter mir gähnte der Abgrund. Manchmal wippten die Brücken so sonderbar, das hatte ich nicht gern, links glänzte der Wasserfall und rechts die Grotte, in die kletterte ich hinein, da standen weiße Sandsteinmänner und sahen mich an. Wie still war es hier! Draußen warf ich meinen Reiseführer fast absichtlich in den Bach – ich brauchte ihn nicht mehr.

Und nun hörte jeder Weg überhaupt auf. Ich hatte bis zur spanischen Grenze gehen wollen, heraus aus der Schlucht, und auf einem andern Weg wieder nach Tardets zurück, in das Großvaterhotel. Aber da war kein Weg. Keiner.

Ich stand da, mit der kleinen übriggebliebenen Karte, wie ein großer Heerführer: sehr wichtig, aber etwas ratlos. Und da tat ich etwas, weswegen ich dir diesen Brief schreibe.

Ich kletterte die Wände herauf.

Ich dachte so: Oben wird sich schon ein Ausweg finden, ich sehe besser, wo ich bin – auf, hinauf! Der grasige Abhang hatte eine Steigung von 91°.

Erst ging es ja ganz gut; da standen Bäume, an denen man sich heraufziehen konnte – aber das hörte streckenweise auf, ich trat fest auf den krümligen Boden, er rutschte fest weg, und ich hielt mich an der Luft. Das kann man nämlich. Vor wem spielt man eigentlich so ein Theater, wenn man allein ist? Immer, wenn ich haarscharf am Herunterrollen war, machte ich ein energisches und männliches Gesicht: Nur ruhig – nur ruhig – es wird ja gehen! Aber dann ließ das plötzlich nach, und ich sah aus, wie ich in Wirklichkeit aussah: rot wie ein Puter, furchtbar prustend und entsetzlich wütend. Ich hatte noch keinen entdeckt, der an der Sache schuld war, aber ich würde schon einen Dolchstoßer finden.

Der Schluchtenbesitzer wird schöne Augen machen, wenn er wiederkommt. Ich habe ihm die ganze Geschichte rettungslos ruiniert. Man musste kreuz und quer klettern, und du mit deinen alten Wasserröhren kannst das nicht nachfühlen, du Plattlandkerl, du! Einmal stand ich still und dachte: wenn du jetzt da wärst, würdest du sofort den guten Wasserbach unten abfangen und aus ihm eine Toilettenspülung machen. Ich dachte mir es ganz genau aus, wie du hier anfangen würdest zu graben, und wie alle Bauern, statt wie jetzt nach hinten in die Tannen zu greifen, wenn sie sich im Walde wieder aufrichten, an einer Schnur ziehen könnten, und wozu das eigentlich gut sein sollte, zum Himmeldonnerwetter! Lass du deine Kanalisation laufen und uns Basken hier in Ruhe. Und dann stieg ich weiter.

Nach fünfundvierzig Minuten war ich soweit. Es war halb elf Uhr vormittags.

Jetzt saßest du in Hamburg und blättertest in deinen Akten, schön ausgeruht und in kühler Wäsche, denn sauber bist du. An der Wand hängt eine bunte Karte: Hamburg mit allen Straßen und Wasserentnahmestellen, damit du im Bedarfsfalle gleich zum Neuen Wall laufen kannst, Nr. 17, zur Witwe Brenkemeyer: »Wer lässt denn hier so lange die Wasserleitung laufen! Das ist ja unerhört!« Administration muss sein.

Wenn du aber das Opernglas der Märchenprinzessin gehabt hättest, so hättest du mich zur gleichen Zeit sehen können.

Da saß ich. Da saß ich hoch im Grünen, ein armer Vogel auf einer Stange, die Füße gegen einen morschen Ast gestemmt, einen Zug von Leiden und Ergebung um die Nase. Herztätigkeit und Atmung beschleunigt, der Puls ging vor. Mein Bauch stieg auf und ab – ich lebte noch. Hinauf ging es nicht mehr, und hinunter auch nicht.

Oben zogen die Wolken über mein Gefängnis. Von unten rauschte der Gebirgsbach, mein Gebirgsbach, den du nicht zu kanalisieren hast, und das Rauschen wurde immer leiser, immer leiser. Ich war so müde … Zurück? Diesen ganzen übeln Weg mit den Schwankebrücken und den Klettersteinen zurück? Aber wie denn? Wie sollte ich hier herunterkommen?

Da lag jetzt Hamburg: die Mädchen mit den strohblonden Zöpfen saßen grade artig auf den Bänken in ihrer Schule und sagten etwas im Chor auf; es war nach der großen Pause, und sie hatten Buttersemmelstimmen, weil keine Zeit zum Räuspern gewesen war – zwei Schauerleute hatten einem feinen Herrn nachgesehen und murmelten in ihren Kautabak: »Wer is he denn? He hett ok bloß man 'n Mars ut twe Helften!« und bei dir klingelte das Telefon. Du logst eine herrliche Geschichte in die schwarze Muschel: Leider, leider könntest du heute nicht zum Mittagessen in die »Harmonie« kommen, vielleicht nächste Woche …? Und dabei erglänzte dein Gesicht in teuflischer Freude – denn auf der andern Seite sprach der böse Feind, und mit dieser Ablehnung hattest du ihn ordentlich angepflaumt. Und ich saß noch immer hier auf meiner Wand.

Ewig konnte ich da wohl nicht sitzen bleiben. Ich stand mit einem schweren Seufzer auf, fiel beinahe um und hielt mich an dem Ast, aber der wollte das nicht und sagte: Knack – und da setzte ich mich wieder hin. Ich setzte mich ganz nonchalant hin, weil ich noch etwas müde war. Jetzt standest du auf und gingst in deinem glatten, ebenen Nichtstuerzimmer auf und ab. Die Wasserspülungen rauschten und schwollen, von dir aus konnten die Hamburger jetzt alle zugleich Pflaumen essen, deine Sache war in Ordnung. Ich erhob mich, leise, sehr, sehr vorsichtig – und zur gleichen Zeit versuchtest du vor lauter Lebensfreude zu pfeifen, etwas ganz und gar Abscheuliches. Denn du pfeifst, wie Karlchen reitet und ich schwimme – und das will etwas heißen. Und nun war ich völlig aufgestanden.

Mit irren Blicken sah ich mich um. Noch einmal machte ich den Versuch, vor einer unsichtbaren Reisegesellschaft so zu tun, als sei gar nichts, aber nicht das Geringste passiert – dann gab ich es auf und kletterte artig und bescheiden auf allen vieren ein Stück herunter. Rrums – da floss Schlucht dahin, für annähernd achtzig Francs Schlucht, das war unwiederbringlich verloren, und ich würde es jedenfalls nicht wieder heraufbringen. Man musste hier wohl etwas zur Seite klettern, wir Bergsteiger klettern manchmal zur Seite, aus technischen Gründen.

Und hier war nun eine Stelle, wo es keine Bäume mehr gab, und da vergaß ich meine Menschenwürde und setzte mich auf das Runde und fuhr recht schnell zu Tal, hundertfünfzig Meter, dahin, woher ich gekommen war. Unten kam ich richtig auf die Beine, stäubte mich etwas ab, nun hatte ich rostbraune Hände. Und ich wollte grade pfeifen, denn ich kann pfeifen, viel schöner als du, du alter Bedürfnismann – da tat ich einen schweren Fall.

Grinse nicht über deine unschönen Züge mit der niedrigen Trinkerstirn! Ich fiel genau auf die Schienbeine, auf alle beide – und am rechten Bein schwoll kindskopfgroß eine Beule auf. Andenken aus den Pyrenäen: »Zum Zeichen, dass ich dein gedacht, hab ich dir dieses mitgebracht ...« Und dann marschierte ich die ganze Tonleiter zurück.

Ich habe es immer bedauert, dass du und Karlchen, dass ihr zwei beide nicht dabei wart ... Ich sehe uns den wilden Bach entlangklimmen: du mutig, aber furchtbar schimpfend, Karlchen mit den Zähnen vor Freude fletschend, wenn einer einen Fehltritt tat – und von Zeit zu Zeit sagend: »Hier ist es etwas dünn –!« und ich mit der gemessnen Würde, die mich auszeichnet, wenns schiefgeht. Aber ihr seid ja nie da, wenn man euch braucht.

Da kamen alle Brücken noch einmal, alle glitschrigen Stellen, an denen mich der Wildbach von unten herauf ansah und sagte: »Na? Wie ist es? Ein bisschen ins Wasser fallen?« – alle wackligen Geländer, alles kam noch einmal wieder. Einmal begegneten mir Menschen: ein Mann mit einem verbundnen Kopf (vielleicht machte er diese Tour schon zum zweiten Mal), ein Mädchen und eine Frau von rund hundertzweiunddreißig Jahren, gewiss ein Zeichen für die Gefährlichkeit dieser Gebirgspartie. Guide nécessaire.

Ach, wer mich jetzt fotografiert hätte! Leise vor mich hin brabbelnd tollpatschte ich dahin – und eine Wut im Leibe! Nie wieder Gebirge! Verdammt, warum war ich nicht an die See gefahren, an einen ganz und gar glatten Strand –! Die Felsen und die Bäume redete ich gar nicht mehr an, die waren Partei. Aber ich fragte meinen Bergstock, ob ich das vielleicht nötig gehabt hatte, in so eine gänzlich irrsinnige Schlucht hineinzuklettern, in eine ganz fremde Schlucht. Cacaoueta! Was ist das überhaupt für ein Name! So heißt man nicht! Lasst mich nur hier herauskommen – ich will der Länge lang im Bett liegen, nie mehr aufstehen, überhaupt nie wieder in meinem ganzen Leben einen Fuß in so ein vertracktes Gebirge setzen …

Und dann kam die Gittertür, der Weg wurde immer glatter – und was das für ein Gefühl war, als ich wieder Wiesengrund unter den Füßen hatte …! Ich sah zurück und fand die Schlucht ganz passabel. Menschen sind so eingerichtet.

Ein Uhr. Jetzt kamen die Schulkinder in Hamburg aus den Klassen, du hattest noch schnell deinem Stubennachbar einen Akt zugeschrieben, den der heute Nachmittag auf seinem Platz vorfinden würde, eine besonders knifflige und unangenehme Geschichte, und es gab gar keine Möglichkeit für ihn, sich die Sache vom Halse zu schaffen … Und jetzt gingen alle Leute mal eben frühstücken. »Ein Rundstück wahm« – Der Weg stieg an, und eine Minute später lag ich platt auf dem Boden in der hellen Sonne.

Ror Wolf

RUHE RUHE

aus der ferne grüßt der watzmann spitz.
und hans waldmann fällt in einen schlitz.

waldmann hat sich nichts daraus gemacht.
er steht auf und fällt in einen schacht.

waldmann steigt heraus und lacht, jedoch
danach fällt hans waldmann in ein loch.

schon erhebt er sich, in alter frische,
gleich danach fällt er in eine nische.

ja, sagt waldmann, gut, in diesem sinne,
und fällt gleich danach in eine rinne.

er steht auf und kommt heraus zum glücke
und fällt gleich danach in eine lücke.

er steht auf, hans waldmann, ja das tat er.
und er fällt hinab in einen krater.

nicht so schlimm, sagt waldmann, doch dann bricht er
plötzlich ein und fällt in einen trichter.

als er aufsteht, sagt er: na, ich denke,
das genügt; und fällt in eine senke.

nein, sagt waldmann, jetzt ist schluß, ich dulde
so was nicht; und fällt in eine mulde.

schluß, sagt waldmann, ich will das nicht haben.
er steht auf und fällt in einen graben.

ende, sagt er, das wird mir zu bunt.
und er fällt hinunter in den grund.

waldmann, hans, er wirbelt durch die luft.
scheiße, schreit er und fällt in die kluft.

scheiße, schreit er und verliert den halt,
und ist schließlich aufgeprallt im spalt.

er steht auf und sagt: der ganze kram
kotzt mich an, und fällt in eine klamm.

aufgestanden schreit er: gott verflucht,
und rutscht ab und fällt in eine schlucht.

als er aufsteht sagt er: arsch und zwirn,
leckt mich fett, und fällt in einen firn.

wie erträgt man, ruft er, dieses leben?
und man sieht ihn in die tiefe schweben.

nun ist sense, ruft er, nun ist ende,
und er stürzt hinunter ins gelände.

als er aufsteht, waldmann, wieder mal,
ruft er nichts und fällt hinab ins tal.

waldmann sagt: da ist wohl nichts zu machen.
und er klopft den schnee von seinen sachen.

er erhebt sich, schüttelt sich und lacht,
siehe oben, lacht, wie abgemacht.

und der fremde, der das alles sieht,
steht am watzmann, schwarz, und spielt ein lied.

schiebt den bogen auf der violine
donnernd kommt vom gipfel die lawine.

waldmann lacht, jetzt fällt der sogenannte
fremde ab vom berg auf eine kante.

waldmann, von dem hier die rede ist,
sieht den fremden liegen, aufgespießt.

auch die violine fällt hinunter.
waldmann lacht und sagt: das ist kein wunder.

waldmann, hans, verläßt die gegend schnell
und bezieht ein anderes hotel.

Urs Widmer

Am Gotthard. Im Gotthard

Wer sich einst, verzweifelnd schon beim Aufbruch, aus dem Vorland kommend dem Gotthard näherte, kehrte nur darum nicht schon weit vor Erstfeld um, weil er im Kopf die Bilder jener Zitronen trug, die auf der andern Seite dieser Felsmassen blühten oder vielleicht blühten, möglicherweise blühten, denn die in Blust stehenden Zitronenfrüchte waren eine Sage, die der Urgroßvater dem Großvater erzählt hatte und der dem Vater. Undsoweiter. Keiner hatte sie je gesehen. Sie waren ein Gerücht wie Timbuktu oder Sansibar. Niemand konnte sagen, ob sie nicht nur erfunden worden waren, um dem Wanderer die tollkühne Kraft zu verleihen, den Gotthard auszuhalten. Dieses Grauen. Dieses Entsetzen.

Allein schon das Tal, das zum Gotthard führte, war furchterregend. Eine immer enger werdende Erdfalte, die, so sagt man, während eines Streits zwischen Gott und dem Teufel entstanden war, indem dieser sagte, Bruder, gib mir die Hälfte deines Himmels, und der Herr antwortete, den Teufel werde ich tun! und dazu mit der rechten oder auch linken Hand auf die Erde schlug, nur um dem Teufel Eindruck zu machen. Er traf just den Gotthard, und das Tal der Reuss war erschaffen.

Die Menschen, die viel später das Tal besiedelten, das auch heute noch präzise die Breite der Finger Gottes hat, taten das nicht freiwillig. Der Gotthard und seine Täler waren eine Gegend, die man nur aufsuchte, wenn alle andern Stricke gerissen waren. Alle waren aus reicheren, fruchtbareren, lieblicheren Landstrichen verdrängt worden: Opfer, die Helden werden mussten, wenn sie nicht untergehen wollten.

Wer den Himmel sehen wollte, musste den Kopf in den Nacken legen und erblickte – wenn es nicht regnete, und es regnete beinah immer – fern wie einen Traum ein blasses Blau. Tatsächlich gab es bald zwei Arten von Menschen: die einen konnten, wenn das Alter begann, ihre Nacken nicht mehr erdwärts wenden. Die andern hatten es, alt endlich, aufgegeben, nach oben zu lugen, und hielten alle Berichte, dass es einen Himmel gebe, für eine Lüge des Teufels.

Nur selten, sehr selten sprang ein Bewohner jener Schluchten über seinen Schatten, vor allem natürlich, weil da, wo keine Sonne schien, auch kein Schatten war. Und doch. Immer wieder brachen junge Männer und Frauen auf, stiegen stumm bergan, Hand in Hand oder allein, im Schneesturm bald, im Eisregen, stöhnend vor Angst. Aber nichts hätte sie zum Umkehren bewegen können. Ihre Herzen waren Steine für die Dauer der Flucht. Auf der Brücke des Teufels schauten sie weder nach rechts noch nach links, und tatsächlich verschonte sie der Satan eigentlich immer, weil er alle respektierte, die ihrer Hölle entrinnen wollten. Ihm selber war das nicht gelungen – der Streit mit Gott, in dem die Schöllenen entstand, war sein letzter Versuch gewesen –, und jetzt hielt er sich an räuberische Händler, verhurte Vetteln und verstockte Priester.

Es war also nicht nur ein Wunder, dass die Ausreißer lebend auf der Passhöhe ankamen. Es war die Gnade dessen, von dem keiner Gnade erwarten darf und der sie doch zuweilen gewährt, niemand weiß wann und warum. Himmel, was für ein Himmel! Die Sagen waren also wahr gewesen, trotz dem Toben der Pfarrer und dem Schimpfen der Lehrer! Vergessen waren Vater und Mutter, die eben jetzt im lichtlosen Tal die Laternen schwingend hin und her eilten und nach dem Sohn oder der Tochter riefen, von denen sie genau wussten, wohin sie aufgebrochen waren. Mein Gott! Sie waren des Todes, das war gewisser als gewiss! Sie selber waren auch einmal jung gewesen, aber sie hatten der Versuchung widerstanden. Und sie hatten recht gehabt. Wenn sie gegangen wären, wären sie nicht geworden, was sie geworden waren: ein Mann mit einem steifen Nacken erdwärts und eine Frau mit einem unbeweglichen Genick, das zum Himmel strebte. Es war nicht leicht gewesen, sich nie in die Augen schauen zu können. Sich mit verdrehten Köpfen zu lieben. Trotzdem hatten sie Kinder gekriegt, großgezogen, geliebt. Und jetzt das!

Die Jungen aber gingen längst jenseits bergab, der Sonne entgegen, und gelangten in die zitronenübersäten Ebenen. Ihren Kindern erzählten sie später, dass es ein Land gab, wo kein Himmel war. Und die Kinder lachten und glaubten es nicht. Dabei gab es ihn, und es gibt ihn immer noch, den Berg Gotthard, von dem Gott allein weiß, warum sein Name mit diesem steinernen Schrecken verbunden ist.

Das heißt, ich weiß es jetzt auch. Zufall oder Schicksal. Jedenfalls saß ich kürzlich erst im Bahnhofsbuffet von Göschenen und trank ein Bier. Ich war zuvor stundenlang den Gebirgsgranit entlanggestrichen. Ich wollte endlich und endgültig herausfinden, was an all den Gerüchten dran war, dass der Gotthard innen hohl sei. Dass niemand wisse, was er enthalte, oder nur ein paar wenige Geheimnisträger. Aber ich hatte nichts gefunden. Keine Tore, keine Stollen, keine Bunkerlüftungen. Ich saß nur durchnässt bis auf die Knochen da. Draußen rauschte weiterhin der Regen, und hie und da raste ein Zug vorbei.

Plötzlich ging die Tür auf, und ein Mann taumelte in den Gastraum. Er trug einen klatschnassen Pyjama mit blauen Streifen, war steifgefroren, flüsterte: »Herrgott!« und fiel in Ohnmacht. Ich schleifte ihn an die Heizung, und die Serviererin brachte ihm trockene Kleider. Was sie eben hatte, wollene Strumpfhosen und einen Bademantel aus weißem Frottee. Wir zogen ihn an. Endlich ging es ihm so passabel, dass er sich an meinen Tisch setzen und einen Tee mit mehreren Rum sowie zwei Teller Pommes frites verschlingen konnte.

Dazu berichtete er, stockend und leise, was ihm zugestoßen war. Er hatte keine Ahnung, was genau. Er war ganz normal zu Hause gewesen, in Edam oder sowo; jedenfalls nicht in Göschenen oder in Gurtnellen. Ich verstand ihn nicht genau oder nur, dass alles wie immer gewesen sei: die Palmen vorm Haus, das leise schäumende Meer, die äsenden Rehe und die Papageien. Die Sonne hatte geschienen, was sonst. Tiefer Friede. Ein normaler Tag eben. Abends allerdings habe er sich – eine Laune – in einem andern Zimmer als sonst schlafen gelegt. Und als er dann einmal, im Tiefschlaf fast, aufs Klo gegangen sei, habe er sich wohl vertan, eine falsche Tür geöffnet, sei hindurchgegangen und bei drei Grad plus im prasselnden Regen hoch über dem Göschenensee aufgewacht. Die Tür war hinter ihm ins Schloss gefallen und hatte auf dieser Seite keine Klinke. Er schlug sein Wasser ab, und dann brauchte er dreieinhalb Stunden und seine ganze Überlebenskraft, um ins Tal hinabzukommen.

»Herrgott!« rief er, diesmal laut.

Die Tür ging erneut auf, und ein Mann kam herein. Er war klein, alt und trug einen verschlissenen Mantel aus Armeebeständen. Er sah aus, als habe er keinen festen Wohnsitz. Immerhin trug er einen Regenschirm bei sich. Er blieb an unserm Tisch stehen. »Was haben wir denn nun wieder angestellt, mein Sohn?«, sagte er zu meinem Gast.

»Das ist er!«, rief dieser, zu mir gewandt. »Herr Gott. Man muss ihn nur rufen, und schon ist er da.«

»Nicht so laut!« Der Alte legte einen Finger auf die Lippen. »Mein Bruder könnte uns hören. Dir zum mindesten könnte er erhebliche Schwierigkeiten machen, wenn er dich mal am Wickel hat.«

»*Der* Herr Gott?«, sagte ich zu dem seltsamen alten Herrn und spürte, dass mein Herz heftig pochte.

»Vermutlich.«

»Verstehe ich recht?« Schweiß rann mir über die Stirn. »Der Gotthard ist innen hohl? Ihr Ort ist da drin? Ihr Edam?«

»Eden«, sagte Herr Gott. »Ganz recht. Mein Bruder hat alles außen. Ich alles innen.«

Ich trank einen großen Schluck Bier. »Ich dachte immer, da seien Munitionslager und Fünfsternebunker für unsre Generäle«, sagte ich. »Nicht Palmen, Meere, Blumen und Sonne.«

»Und jede Menge Platz«, sagte Herr Gott. »In Eden sind wir nicht viele.«

»Es ist das Paradies«, sagte leise der Mann im Bademantel. »Es ist wunderschön.«

Gott sah ihn nachdenklich an. »Wir müssen jetzt«, sagte er dann und nahm seinen Schützling am Arm. »Alles muss der auch nicht wissen«, hörte ich ihn sagen, während sie ohne einen Abschied davongingen. »Sonst will er auch zu uns.«

»Was muss ich dafür tun?«, rief ich.

Der alte Mann drehte sich um. Hatte er mich gehört? »Bezahlen Sie unsre Konsumation!«, rief er jedenfalls. Und schon waren die beiden durch die Tür verschwunden.

Natürlich folgte ich ihnen, von Stein zu Stein huschend. Gott hatte einen Arm um sein verlorenes Schaf gelegt. Sie hielten ihre Köpfe nahe beisammen, um unter dem Schirm Schutz vor dem prasselnden Regen zu finden, und gingen stracks auf die aufragende Bergwand zu. Verschwanden in ihr, ohne in ihrem ruhigen Schreiten innezuhalten. Ich rannte hin und starrte den grauen Fels an. Keine Spur eines Eingangs. Nichts. Doch, etwas: zwischen verblühten Alpenrosenstauden lag der Bademantel. Ich nahm ihn, schlug mit meinen Fäusten gegen den Granit und rief: »Herr Gott! Herr Gott!« Stundenlang vielleicht, denn meine Hände bluteten.

Plötzlich allerdings hörte ich ein Geräusch hinter mir. Ein Meckern. Ich drehte mich um. Ein Mann stand da, groß, elegant, nach der neuesten Mode gekleidet. Trocken, obwohl er keinen Schirm bei sich hatte. Irgendwie glich er dem im Fels verschwundenen Alten. War allerdings hart, wo der weich war; tot, und nicht voller Leben. Er tippte mit dem Finger gegen seine Stirn und ging mit schnellen Schritten davon. Er hinkte, und er stank nach Schwefel.

Ich ging ins Bahnhofsbuffet zurück und bestellte einen Tee und drei Rum. Ich gab der Serviererin den Frotteemantel, der ein ziemlich jämmerliches Bündel geworden war. Sie sah ihn mit gerunzelten Brauen an.

»Und wo sind die Strumpfhosen?«

Ich hob entschuldigend die Hände.

»Das waren mir zwei Filous«, sagte sie. »Hauen mit meinen besten Klamotten ab und bezahlen nicht.«

»Geht alles auf meine Rechnung«, antwortete ich.

Register

Justinus Kerner (1786–1862): Alphorn. S. 82.
Harry Graf Kessler (1868–1937): Besteigung des Popocatepetl, 14./15. November 1896. Aus: Notizen über Mexico, 1898. S. 154.
Klabund (Alfred Henschke, 1890–1928): Davos. S. 184.
Josefine von Knorr (1827–1908): Der Alpensee. S. 84.

Nikolaus Lenau (1802–1850): Die Sennin. S. 79.
Alfred Lichtenstein (1889–1914): Landschaft in der Frühe. S. 185.
Oskar Loerke (1884–1941): Riesengebirgsreise 1909. Aus: Reisetagebücher, 1960. S. 160.
Feodor Löwe (1816–1890): Auf dem Gipfel eines Berges. S. 73.

Hugo Marti (1893–1937): Aus: Davoser Stundenbuch, 1935. S. 194.
Conrad Ferdinand Meyer (1825–1898): Das weiße Spitzchen; Die Felswand. S. 69, 70.
Christian Morgenstern (1871–1914): Einem Berge; Abend im Gebirge. S. 182, 183.
Alfred Mombert (1872–1942): Hier ist ein Gipfel, um drauf einzuschlafen. S. 181.
Erich Mühsam (1878–1934): Ich will alleine über die Berge gehen. S. 180.

Friedrich Nietzsche (1844–1900): Falsche Berühmtheit; Der Wanderer im Gebirge zu sich selber; Weg zur Gleichheit; Nie umsonst. Aus: Menschliches, Allzumenschliches, 1878. S. 129.

Urs Widmer (1938–2014): Am Gotthard. Im Gotthard. Aus: Vor uns die Sintflut. Geschichten. S. 212

Ror Wolf (1932–2020): ruhe ruhe. S. 209.

Theodor Wundt (1858–1929): Aus: Ich und die Berge. Ein Wanderleben, 1917. S. 147.

Stefan Zweig (1881–1942): Herbstwinter in Meran. Aus: Fahrten. Landschaften und Städte, 1919. S. 166.

Copyright